[新装

日　　教

自然道がつくる
神道・仏教

東北大学名誉教授
田中英道

育鵬社

［新装版］のまえがき

私は「日本とは何か」を考えて、すでに数十冊の本を書いてきましたが、その中でこの『日本の宗教』は、日本人の精神の中核にある信仰について語ったものです。そもそも日本人は、多くの人々が無宗教だと思っていますが、それは間違いだと考えています。

本書は英語版がすでに出ており、イギリスの批評家から、"most fascinating"（大変すばらしい）と書いた手紙をいただきました。現在はイタリア語版の翻訳が進行中ですが、いずれも私が申し出たものはでなく、外国の読者からの要望です。それは日本人の宗教が世界でも注目されているからです。

〝武漢〟ウイルスのとんでもない疫病時期三年が過ぎて、中国人を除く外国人は旅行客として日本に殺到（?）しているといってよいでしょう。日本人のやさしさや道徳観、また日本が国として非常に安定していることが評価されているからだけでなく、旅行客にとっては町中がきれいでゴミひとつ落ちていないとか、物を落としても必ず出てくるとか、日本人にとって当たり前のことが、外国人には不思議なのです。

日本人のこのような行動や考えが、外国人には、まるで何か宗教のように強く「信仰」されているように見えるのです。西欧人からすれば、キリスト教など同じような宗教が身に付いているのと同じことではないかと感じられ、このような日本人の民度の高さがどこから来ているのかを知りたいという願望が彼らにはあるからです。

例えば、日本では毎年九千万人ほどが初詣に神社仏閣へ出掛けるといいます。日本は無宗教であるともいわれ、初詣は本人の習慣であって宗教ではないという人もいますが、私に言わせると、そうではないと。そこには、年が新しくなったことへの信仰があるのです。神社で神に対して拝む日本人の姿は、外国人にとっては明らかに宗教と感じられるのです。

私は日本人が自然の一部である、つまり「自然道」というのが身に付いていると思っています。神社で拝礼するのは日本人にとっては自然なことであって、神という人格神に出会うためとか、独立した精神に接するとためいうことではありません。目に見えないものをただ拝むことなのです。二礼二拍手一礼の習慣そのものが、あたかも、それ自体に意味のあることのように外国人には見えるのですが、日本人自身はその意味を問うものは少ない。出雲大社では、二礼四拍手一礼と四拍しますが、こういうことの意味は誰からも教えられていない。

初詣で元日から拝礼するとき、新しい年を迎えた「自然の動き」が新しい空気として、人びとの気持ちの中に乗り移っている。もちろん、「今年は健康でありますように」「幸運がきますように」などの当たり前の期待や願いは、どの国の人にもありますが、わざわざ神社に行ってお参りする日本人の姿のなかに、私は自然と身を宿した宗教を見るのです。

宗教の概念に関しては本書で詳しく述べますが、キリスト教が一番高いレベルの宗教であるということは宗教学上で言われているだけで、けっして宗教の本質的なものに基づいているわけではないのです。

もともと宗教は精神に基づくもので、それはまた自然の体を基にしている。人間の体に攻撃的なものはひとつもありません。手に大きな爪も出ていない。歯にするどい犬歯もない。「人間の肉体そのものが平和である」ということです。つまり肉体は攻撃的でなく、そこに頭があり、手足がある。特にこの手が拝む手で、頭はもちろん「精神のあるところ」。それも自然の一部であって（私は自然道といっていますが）、肉体に応じて「精神」が働く。

面白いのは、日本には自然という概念はあっても「宇宙」という概念がないことです。山、川、平野などで感じるわけですが、満天の星＝宇宙に星がたくさんあることを日本人はあまり語りませんでした。なぜか宇宙について書かないし、分析しない。こういう「星」がたくさんあることは何なのかということを日本人は感嘆するだけで、誰もそれを分析しない。

それを答えようとしたのが、ギリシャのヘラクレイトスです。彼は「空には宇宙が広がっている」と言います。しかし、日本には空はあっても宇宙（universe）という概念はありません。空を見て「宇宙だ」といったところで、その星の中にギリシャ神話の神の形があるといっても、日本人はそこに神がいると思わないし、何も言わない。

アマテラスやツキヨミはいると解釈して満天の星は興味の外だったからです。この大きさ、不思議さ。日本人はわからないことは素直にわからない。わからないことに対して、かえって感動する。それが核になる信仰だと思います。こうした純粋性を大事にしているのです。

私はもともとキリスト教文化の研究者で、バチカンのシスティナ礼拝堂を十年間研究しましたが、私はキリスト教徒ではありません。私の祖先に鹿児島神宮の宮司がいたという話を聞いたことがありますが、それ以上のことは聞いていません。

日本人が純粋性を大事にしている理由は、日本人に自然道が身に付いていることにあります。自然の一部の人間として家族をつくり、そして共同体をつくってきた。その共同体によって生まれてきた神道です。自然のつくる家族の共同体の長として天皇が存在しており、その天皇を自然と敬っている。このような他の国と違ったやり方で、日本人は宗教中心に生きてきたと考える。それを私も受け継いでいると感じたからです。

「なにごとのおはしますかは知らねども　かたじけなさに涙こぼるる」

これは西行の歌ですが、この歌は日本の神道の心情に合っています。つまり、「目には見えないが、誰かや何かがいつもそばで見守ってくれている」というところが宗教的なのです。ですから、日本人の宗教は西欧的な一神教とは違うのです。

私は「なにごとのおはします」が宗教の本質なのだと思いますし、日本の宗教の方が本当の宗教らしいと思っています。「神」は、それを信じる人たちだけのものです。しかし、「自然」はすべての人間の基本にある。だから日本人の神道や仏教も「自然」のなかで生きているのです。

令和五年三月日一日

はじめに

よくいわれるように、現在の日本人は、キリスト教のクリスマスを祝い、仏寺で「除夜の鐘」を聴き、神社に「初詣《はつもうで》」に出かけて平然としています。墓参りはしても、盂蘭盆《うらぼん》がどんな意味かもわからない人が多いでしょう。

こうした日本の現状から、日本人は無神論者であり、無宗教だとよくいわれます。しかし、果たしてそうでしょうか。「八百万《やおよろず》の神」に代表されるような、日本の「神＝自然」という考え方は「宗教」ではないのでしょうか。

一神教の目から見れば、日本人は無神論者に見え、日本には宗教がないように見えるかもしれません。でもそれは、宗教とは体系化され、イエスやモーゼ、ムハンマドのような預言者が存在し、さらにはそれを後世に伝える伝道者がいるという一神教の一方的な宗教観でしかありません。確かにその目で見れば、開祖もいなければ、経典もない、否、文字で記録したものがない神道などは、宗教には思えないでしょう。

仏教にしても、日本の仏教は「葬式仏教」などと揶揄《やゆ》され、人が死んだときにしかお世話にならない、などといわれます。儒教なども、宗教として認識されず「儒学」という学問や儀式の方法レベルでしか認識されていません。キリスト教の洗礼も受けていないのに教会で結婚式を挙げる――こうした様子は一神教の人には不思議な国・ニッポンに見えることでしょう。

また日本では、経済や政治については論じられますが、宗教について本格的に語られることは少ない気がします。テレビをはじめとしたマスコミも、連日、経済と政治の動向をニュースで伝え、ときには論評や解説を加えて伝えます。

しかし宗教に関することでいえば、ニュースになるのは、時の総理が靖国神社に参拝した、しない、私人なのか公人なのか、といったことぐらいです。

でも、実際は宗教が世界を動かしているといっても過言ではありません。イスラエルとパレスチナの戦い、シリアをはじめとした中東の紛争、さらにはウクライナとロシアの関係も民族問題や経済問題がクローズアップされますが、根底には宗教があることは容易に想像できます。二〇〇一（平成十三）年の9・11もまた、宗教問題によって引き起こされた恐ろしい事件だといえます。

私は本書で、あらたに西洋的な論理を持ち込みながら、しかし決して西洋的な宗教的概念にとらわれずに、日本人の信仰概念を語っていきたいと思っています。宗教の問題を考えるとき、日本人の宗教観を問い直すことは、宗教の本質を見つめることになると同時に、世界の人々が共存していくための大きなヒントになると思うからです。宗教学はしばしば、西洋的概念を教条化しているため、日本人の宗教がよく認識できないのです。往々にして、専門家であるがゆえに日本人の宗教を把握できない傾向にあります。

日本の宗教、本当は何がすごいのか、早速、語っていこうと思います。

日本の宗教　自然道がつくる神道・仏教◉もくじ

第二章　一神教の「虚構」

第三章　一神教の衝突

第八章 自然はどう語られてきたか

装幀――村橋雅之
編集協力――内海準二
表紙写真――三輪山と大神神社

コラム⓪　日本の祭り

日本の祭りは、現在でも全国各地の神社で行われています。神社本庁によるとその数は二十万にも及ぶといいます。五百人に対して、祭りが一つ生まれる勘定になります。観光的な意味合いもありますが、祭りは人間にとって非常に重要な表現だということです。祭りの中で聖なるものを感じる、あるいは陶酔《とうすい》するということは、人間のもっている本性の一つでもあるのです。

日本に限らず、これはどこの文化でもあるわけです。たとえばギリシャでも、祭りを文化として伝えています。

ただ「近代」がその誕生や成長過程で、伝統的な祭りを否定しようとしましたが、もとより否定すべきものではありません。たとえば「近代」の行きつくところのはずであった社会主義国家でも、メーデーや国慶節などという名前で行われています。しかし為政者が導く祭りは本来の祭りではなく、伝統に基づかない形式的なものになって、国民が熱狂するという雰囲気になることはないのです。軍事パレードなどは恐怖を感じるだけです。

本来の祭りとは、人間が個の存在ではなく、共同体の一人として人々とともに熱狂し、興奮し、そこに聖なるものを感じるというものです。

まつりは、「祭り」や「祀り」と書きますが、「奉る」と同語源です。「何かを差し上げる」という意味ですが、自らを差し上げる意味もあります。祭りには、自らを差し上げて神と合一する——超越的なものと一体化したいという気持ちが表れています。

日本の祭りとは、基本的に自然の神々と交わろうとするものです。農耕にまつわるものを中心に、四季折々、自然の移り変わりに応じて祭りをやっていくのがまず原則です。これは自然の移り変わり、自然の変化に応じて人々が気持ちを変えていく、感情が変わっていくということを祭りという形で表現していると思われます。むろん自然から御霊《みたま》信仰、皇祖霊《こうそれい》信仰に移っていきますが、基本は自然の神です。

戦後の祭り観は神々を「収穫を祈るため」とか「御利益のため」、あるいは「穢《けが》れを祓《はら》うため」、「祟《たた》りを鎮めるため」など、必ず物質的、現世的な人間関係でとらえてきました。しかし、それは本来のとらえ方ではありません。人々が自己を忘れ、超越的なものにふれたいという精神が基本なのです。

神輿《みこし》は祭りの中心の一つです。神社で祀られている神を移動させるのですが、なぜその必要があるのでしょう。縄文時代、人々が狩猟採集の生活の中で根拠地を移動していたからでしょうか。最初の神輿が行われたとされる比叡山《ひえいざん》の日吉《ひえ》大社も、それ以前の山伏《やまぶし》たちの「ほこら」の移動から生まれたと思われます。自分たちを守る神霊を移動させる、その名残です。

恵みを与えてくれる自然ですが、荒れ狂うときもあります。嵐であったり、雷であったり、洪水であったり、津波であったり。そういう荒れ狂う自然のようなものが、自然の中の人間にもあります。たとえば激しい感情です。理性では理解できない狂気のようなものです。それが祭りを行う理由です。

たとえば東北の祭りを見てみましょう。東北には大きな祭りが三つあります。青森の「ねぶた」、秋田の「竿灯《かんとう》」、宮城の「七夕祭《たなばた》」です。それぞれ形が違います。ある意味で日本のいろいろな文化を三つの違う形で表現しているかのようです。

「ねぶた」祭には、特別な神社の祭主はないといわれています。昔から伝わる大きな灯籠《とうろう》を担《かつ》いで、練り歩く祭りから起こったとされています。しかし、起源を考えると、それは神社で「お祓《はら》い」の儀式がありますが、この祭りもそれがもとだと思われます。「大祓い」は、「人形」をつくり、そこに人々の罪や穢《けが》れを込めて、最後に川や海に流すという行事です。そのとき笛や太鼓の囃《はや》しで人々は行列を組むのです。これを「ニブ流し」（富山県黒部市）といい、それが「ネブタ」となったと八幡和郎《やわたかずお》はいいます。

「ねぶた」は大きな仕掛けの灯籠のことで歌舞伎《かぶき》の場面であったり、三国志の場面であったり、視覚的な人物表現となっています。それを曳《ひ》く人々とともに「はねと」と呼ばれる襷《たすき》と花笠などをつけた踊り手がいます。「はねと」とは、はねる人たちのことです。

「はねと」は、地面を跳んでいく、走っていく、そういう狩猟の生活形態を基礎にしたと

青森県五所川原市の立佞武多《たちねぶた》
ねぶたには歴史や神話の英雄などをモデルにしたものが多い。

考えられます。「ラッセラー」の掛け声も、動物を追う狩人の声かもしれません。

青森には、三内丸山《さんないまるやま》という縄文時代の遺跡があります。「ねぶた」はその縄文文化を受け継いでいるというふうに見えます。東北・関東はもともと勇壮な人たちが多かったことを示しています。茨城の鹿島《かしま》神宮は、今では忘れられていますが、おそらく鹿追《しかおい》という狩猟・採集時代の縄文の名残があったと思われます。

一方、秋田の竿灯祭は文字通り、竹竿に多数の提灯《ちょうちん》をつけ、腰や肩、額などに立てて、通りを練り歩きます。竿灯全体は稲穂のように見え、提灯は米のように見えます。それは稲作の喜びを表した、弥生《やよい》的で視覚的な祭りといえます。

日本は、縄文と弥生が混ざり合った形で発展してきました。その姿がねぶたと竿灯で表現されているようです。

戦後は農耕的な弥生ばかりを重視する傾向になり、稲作が日本文化を支えたと思われがちですが、それ以上に狩猟・漁労《ぎょろう》・採集という縄文時代の生活形態が基本になっていたわけで、その感覚が祭りにも残っているのです。それがまた日本の創造力にもなっていくと私は見ています。東北・関東地方は、そういう創造力をもっていることが祭りを見ればわかるのです。

七夕は中国の神話をもとにしているとされていますが、万葉の時代から、日本に仏教ではない文化として取り入れられていました。七夕というのは、天の川をはさんで、牽牛《けんぎゅう》と織姫《おりひめ》の星が年に一度再会するという日を祀《まつ》る行事ですが、もともとは日本の神を待つ「棚《たな》機《はた》つめ」の信仰で、庭前に供物をし、葉竹を立て、五色の短冊に歌や願いを書いて飾り付け、書道や裁縫の上達を祈るものです。たなばたとは、棚機で棚、すなわち横板のついた織り機のことです。「乞巧奠《きこうでん》」という行事と同じです。女子の手芸が巧みになることを祈る実際的なものです。しかもそれが星祭となって、宇宙の神々と一体となるような雰囲気をもっています。

仙台の七夕は、竹にたくさんの七夕の飾りをつけて、仙台市内の長い通りを埋め尽くします。通りを埋め尽くした飾り付けの中をくぐって歩くとそれ自体が祭り空間となって、ある種の興奮に誘《いざな》うのです。

ねぶたや竿灯のように参加者の感情が高まるのとは違って、うっそうとした竹藪《たけやぶ》の中を歩くことによって異空間の中にいる感覚を味わうことができます。日常的な空間とは違うたくさんの飾りと竹林の中という状況が、人々の感情を変えるのです。そういうことによって日常を離れた非日常の中に入るので、単なる竹に飾りをつけて玄関に置くという祭りとは異なります。自然から与えられる恵み、自然に対する一体感が、いずれの祭りでもその核心になっています。

つまり日本の祭りの在り方は、自然と神と一体になることなのです。囃《はや》しと踊りで人々は非日常の中に入ることはもちろんですが、時間的・空間的にも工夫がなされているのです。

第一章　日本の宗教は本当にすごい

◉国家宗教を否定したアメリカの占領政策

宗教の問題が世界のあらゆる国民、民族に大きく影響を与えてきたことは、誰しも否定できません。宗教を語らないと、世界を語れないということは明らかです。アメリカでは、国歌の代わりに「ゴッド・ブレス・アメリカ」（神よアメリカを守りたまえ）が事あるごとに歌われるのをご存じでしょう。あの「神」は、キリスト教の神であって、他の神とは異なります。

ところで日本では、安倍晋三首相、いわゆる日本のトップが靖国神社を参拝したことを、人々は政治的にしか論じません。靖国神社にA級戦犯といわれる軍人が祭られているということで、安倍首相が先の戦争を肯定したとあげつらう多くの左翼勢力がいるわけです。しかしここで重要なことは、靖国神社という神道の、日本固有の宗教の神社に時の総理大臣が参拝したという事実です。

同盟国のアメリカはその参拝に、「ディサポインテッド（失望した）」という言葉を使って批判しました。これはアメリカが、A級戦犯を肯定する安倍総理大臣というイメージで、韓国と中国と同じような意味合いでの批判を加えてきたと考えられます。

アメリカが日本の戦後に重要な関わりがあったことはいうまでもありません。日米間で大規模な戦争をしたわけですから、そうなったのでしょう。

かつてアメリカを中心とする連合国軍総司令部（GHQ）は、戦後の占領下で「神道指令」を出し、日本の神道を国家から切り離しました。正確にいうと、「国家宗教」としての神道の活動を否定したわけです。

そしてアメリカは、日本の「キリスト教化」を目指したのです。自分たちと同じようなキリスト教国家に日本をしようとしました。ただし、露骨に制度化するような強制はしませんでした。日本にキリスト教系の大学を増やしたり、マッカーサーがアメリカから千人の宣教師を送ろうとしたりしました。当時の皇太子（現上皇陛下）にE・G・バイニング夫人というクエーカー教徒の英語教師をつけて、皇室をキリスト教化しようとしました。実際、義宮《よしのみや》殿下（常陸《ひたちの》宮正仁《みやまさひと》親王）はキリスト教に深いご理解があるといわれています。美智子妃殿下もキリスト教系の大学の出の方ですし、雅子妃殿下もアメリカの大学で学ばれました。

いずれにせよアメリカは、自分たちが期待する日本をつくり出そうとしたわけです。

結果、どうだったのか。日本はいまだに一％しかキリスト教徒がいないといわれています。皇室もキリスト教化されていません。

残りの九九パーセントがすべて神道とはいいませんが、伝統的な日本の宗教環境の中にいるといえます。一神教の人々からは無宗教、あるいは無神論者に見えるかもしれませんが、それは違います。西洋人たちが考える宗教をもっていないだけで、立派な宗教的環境の中で生活しています。あえて宗教的環境という言い方をしましたが、どういう宗教の内容かは、この後に述べていきます。

先の靖国参拝の問題は、非キリスト教者としての日本のふるまい――日本を代表する総理大臣が靖国に参拝した――に対して、キリスト教国家であるアメリカは「ディサポインテッド（失望した）」といったのです。正装した安倍首相の歩く姿の背景に、靖国の白木の建物と白衣の神主さんの姿が見られたのです。

◉日本は特殊な国？

世界は一神教――ユダヤ教、キリスト教、イスラム教など、強い唯一の神がいる宗教を崇拝する、あるいは信仰することを基本においた国がほとんどです。世界にこの三つの宗教人口は三十八億人いるといわれています。キリスト教徒がいない国はほとんどないでしょう。

世界の先進国の中で日本だけが違います。異質な国となっています。実際、日本に対する世界の見方は、宗教に関しては、特別視されているといってもいいでしょう。

ご存じのように平成二十三年の3・11の東日本大震災があったとき、被災地の日本人たちが見せた整然たるその受け入れ方は、世界から驚嘆の眼で見られました。地震と津波という大被害に対してもけっして泣き叫んであわてふためいた様子がなかったことに、世界の人たちは敬意をいだくとともに、理解できない「すごさ」を感じたのです。しかし、それは日本人の国民性だというだけで、宗教のことは論じられませんでした。

今までも、宗教を解説する立場で、世界のいろいろな宗教が述べられてきました。日本はキリスト教徒が極めて少数の国として、日本の知識人たちは世界の宗教、特に一神教とはどういうものであるかを語る必要があります。そしてなぜ日本人が一神教を選ばないのかを。

キリスト教が広く受け入れられない国の知識人として、日本人が自国（日本）の宗教とはどういうものであるかを語った本は少ないのではないでしょうか。私は、長年にわたり、西洋文化をテーマに研究してきました。数えきれないくらいの西洋絵画や文学を見たり、読んだりしてきました。多くがキリスト教をモチーフにした宗教文化です。大学では西洋で多くの学者に指導を受け、多くの友人もいます。彼らのほとんどはキリスト教徒です。私も洗礼を受けるようにうながされたこともありました。キリスト教を誰よりも肌で感じてきたといっても過言ではないと思います。

しかし私はキリスト教徒ではありません。そんな私が世界の宗教を考えるのは、私がそのような日本人であることを、思想的宗教的に考えたいからです。おこがましいことかもしれませんが、日本文化の立場をしっかりと踏まえながら、宗教を論じてみようと思います。

私はこのシリーズで、日本の歴史と文化を、世界史との対比の中に論じてきました。世界文化遺産を通じて日本の〝すごさ〟も語ってきました。

今回は、そうした日本文化の根幹である宗教を論じてみたいと思います。

日本の伝統的な宗教に神道があります。その神道には経典がありません。経典ではなく、いろいろな生活の習俗、慣習の形で神道というものが表されているのですが、それらは見えにくいというか、理論化しにくい面があります。

◉神道は宗教ではない!?

「神道は宗教ではない」とよくいわれます。宗教は、キリスト教、イスラム教、あるいは仏教のようにある種の体系が必要であったり、宗祖といわれる人物がいたり、伝道者がいることが条件のように思われているからです。

そうした神道に対する意識が問題になったことがあります。久米邦武筆禍事件《くめくにたけひっか》といわれるものです。一八九二（明治二十五）年に田口卯吉《うきち》が主宰する『史海』に掲載された久米邦武の論文「神道ハ祭天ノ古俗」をきっかけに、久米が帝国大学教授職を辞することになった事件です。久米邦武は『米欧回覧実記』『古文書学講義』などを書いた優れた学者でした。

彼は「神道は祭天の古俗である」として、仏教と一緒に人々が信じても矛盾しないことを論文に書いたのです。それが国体の基礎であると。結局は皇室もますます栄え、尊ばれ、栄えることができる。国家もますます繁栄する、ということを書いたのです。

これは宗教学的にいえば、「神は人なり」と考えて、神話を史実に引き付けていくことです。これに対して神道国学派という学者たちが、「君国に害あり」「教育勅語《ちょくご》に反す」と批判しました。これは教育、道徳に反するということをいって攻撃したわけです。宗教ではない、価値の低い習俗としてとらえられたことが原因でしょう。

そんな生活の習俗でしかないように見える日本人の信仰のあり方を、「宗教」としてとらえてみることが必要だと思います。

そして、日本の宗教がなぜ世界のいろいろな宗教と対立した関係にないのか。逆に包み込むように受容できるのかを論じてみたいと思います。宗教＝対立という、世界で紛争の火種になっている宗教への対応の可能性を、日本人の宗教観がもっていることを提示できればと思っています。

日本の宗教が、特に神道というものが、他の国々の宗教の出発点のところをとらえていると私は見ているのです。

そうした視点から見た世界の宗教を、私は論じてみたいと思います。それがまた日本の宗教を語ることになるからです。

◉一神教の出現

西洋の宗教といえば、ユダヤ教、キリスト教とイスラム教です。

ユダヤ教はユダヤ人たちが信仰する民族宗教ですが、今ユダヤ人は非常に少数です。おそらく千数百万人くらいしかいないのではないでしょうか。

なぜ彼らは一神教を必要としたのでしょうか。それは端的にいえば、土地に定着しない民族だったからです。観念としての神を心の中で保持するしかなかったのです。

ユダヤ教は紀元前十三世紀頃から形成されはじめました。ユダヤ教という名前ではなく、「古代イスラエルの宗教」といったほうがいいでしょう。まず「出エジプト」という試練がこの民族に起こりました。当時のエジプト第十九王朝のもとで彼らは奴隷状態で苦しんでいました。モーゼという指導者のもとで、大挙してエジプトから脱出することからはじまります。これが成功して彼らは、それがある神のおかげだと考えるようになりました。その神をヤーヴェと名付けたのです。ヤーヴェを崇拝することで一致団結するのです。

嘆きの壁（イスラエル・エルサレム市）
古代ユダヤ王国の神殿の外壁。ユダヤ教徒が祈りを捧げる聖なる場所。

そして現在のパレスチナ地区であるカナンに侵入します。そのときそこに住んでいたカナンの民とともに生活しはじめたのですが、定住はできませんでした。そして「荒野をさまよい」はじめたのです。カナンに定住した部族は、紀元前十一世紀末頃、ダヴィデをいただいて王国をつくりました。次のソロモン王はエルサレムに神殿をつくりました。しかし、そんな「栄華」もつかの間、ソロモン王の没後に二つの王国に分裂し、北王国は紀元前八世紀に滅亡し、南王国のほうも紀元前六世紀前半にバビロニアによって滅ぼされてしまいました。

こうして流浪の民となったユダヤ人たちは、唯一神ヤーヴェを信仰することによってのみ、つながっていったのです。そして「神」が義とされ、「民」が罪の状態にあることを認識するようになったのです。

つまり一神教とはユダヤ民族に特有な、そしてある意味では必然的な創造物であったのです。それはユダヤ民族の共同宗教として認識されます。しかし、他民族にとっては、それは排他的な民族神に見えました。寛容さに欠けているからです。

それがローマ時代のキリスト教の出現により、隣人愛を説く個人宗教が生まれると、それが普遍宗教の色彩を帯びるようになりました。しかし、キリストはその神の子で、一神教であることは変わりありませんでした。

◉無神論者の論理

9・11のテロを予告したといわれるアメリカの政治学者サミュエル・P・ハンティントンは、その著書『文明の衝突』の中で、世界の八大文明が基本的には宗教に基づいているということを明確にしました。

ハンティントンもユダヤ人ですが、唯物論者の多いユダヤ人の知識人でさえも、宗教が戦争を引き起こしているということを認めざるを得なくなったのです。

二十世紀はイデオロギーの戦いの時代でした。唯物論をはじめ、無神論のイデオロギーが蔓《まん》延《えん》しました。しかし今はそれが見事についえ去って、社会主義が崩壊したという事実は、「世界は無神論ではもう成り立たない」ということを語っているのです。

日本も、宗教のことは一切語らないという時代がありました。今も続いているといってもいいでしょう。特に教育現場では宗教教育がすっかりなくなってしまいました。宗教教育がなくなったと同時に、道徳教育も否定されてしまいました。

二十一世紀は9・11で幕開けしたように、宗教の攻防の世紀といっていいでしょう。世界で宗教を火種とした紛争が多発しています。民族問題や経済問題、あるいはイデオロギーが原因に見えますが、底流には宗教が見え隠れしています。

ハンティントンは、日本を世界の八大文明圏の中の一つとして、その自立性を述べていますが、具体的な内容はほとんど述べていません。宗教に基づいて世界地図を描いていくと、日本ははじかれてしまうのです。ある意味、特殊化されてしまったといえます。

それでは宗教において、日本という国はいったい何に拠っているのでしょうか。日本の宗教はどういうものなのか。当の日本人でさえもわからないというのが実情ではないでしょうか。

そのことを明確化していく作業が必要です。日本の文化を考える上でも、日本の歴史を考える上でも、そのことは避けて通れない問題だからです。

私の長い学者経験では、最初の研究対象のほとんどがヨーロッパのものでした。したがっていろいろな意味で宗教の問題に直面せざるを得なかったのです。その体験をもとに述べてみましょう。現代は宗教という問題をもう一度、重要視しなければいけない時代になってきているからです。

◉科学者が批判する「神」の存在

まずは科学と宗教という部分から考えてみましょう。

科学と宗教――一体どういう関係にあるのでしょうか。

現代の科学者たちは、神という存在を否定しているといってもいいと思います。リチャード・ドーキンスは『神は妄想である』という本を書いています。ドーキンスは動物行動研究の専門家で「利己的な遺伝子」という画期的な論を提唱している人物です。ナイロビ生まれのオックスフォード大学出身、ノーベル賞学者のニコ・ティンバーゲンのもとで学んだ人物で、やはり彼もユダヤ人です。

こういう第一線の科学者が、ユダヤ人が生んだはずの神の存在をラジカルに批判しているのです。

ドーキンスの主張は、マルクス主義者や非キリスト教者からは歓迎されています。唯物論を根底にしている彼らにとっては、「神は妄想」でしかないからです。ドーキンスは、『神は妄想である』で神を信じるべきという根拠を一つずつつぶすという手法をとりました。

まず、科学と宗教は守備範囲が違うという考え方を退け、その態度を徹底させて、信仰心の厚い人々に対して、無神論者に転向させようと試みます。

かつて「相対性理論」で名を馳《は》せたアインシュタインは「もし私のなかで、宗教と呼べるものがあるとすれば、われわれの科学が解明できるかぎりにおいて、世界の構造に対する限りない賛美である」という発言をしています。二十世紀最高の科学者が述べる言葉、すなわち「限りない賛美」という「宗教」に対しても、やはりドーキンスは批判しています。

しかしこうしたアインシュタインの宗教観は、日本人の宗教観と同一のように感じられます。なぜなら日本人も、自然だけを見て、必ずしも人格神を前面に出していないからです。

さらにアインシュタインはいっています。「体験することができるものの背後に、われわれの精神がとらえることのできないものがあり、その美しさや荘厳さは、かすかな反響として間接的にしかわれわれに到達しえないことの知覚。これが宗教性である。この意味で、私は宗教的である」と。この言葉は「近代」科学が到達した「サムシング・グレート」です。日本では、分子生物学者の村上和雄氏の言葉として知られていますが、すでにアインシュタインが「宗教性」という言葉で述べているのです。

●日本人は無神論者か

われわれ日本人の宗教は、どうやら、アインシュタインのいう「宗教性」に似ているようです。むろん「神道」は一神教ではなく、多神教といわれています。しかし、そうした宗教をもつ日本人が、「近代」になって西洋の科学を肯定しているのはなぜでしょう。無神論者の原理を、つまり科学というものを肯定しているのです。

『古事記』の冒頭は次のように記されています。現代語訳で引用してみましょう。

「そもそも、混沌とした天地万物の根源はすでにまとまったといたしましても、まだ何らかのきざしも形も現れません段階では、これを名付けようもなく、何のしわざもなく、誰一人、その形を知るものはない道理でございます。しかしながら、天と地が初めてわかれて、天之御中《あめのみなか》主神《ぬしのかみ》、高御産巣日神《たかみむすひのかみ》、神産巣日神《かむむすひのかみ》の三柱《みはしら》の神が創造のはじめとなりました」

まさに神の前に、名付けようもない根源があったことを伝えています。『日本書紀』の方も、「鶏の卵の中身のように固まっていなかった中に、ほの暗くぼんやりと何かが芽生えていた」と語り、そこから「神」が生まれたと述べています。つまり「自然」というものがまずあったことを伝えています。

日本人はこのように、神を自然から生まれたということで受け入れてきました。私はそれを「自然道」と呼びたいと思います。

なぜ「自然道」なのか。日本人の自然観は、他の国々の人々の自然観と決定的に異なっている部分があるからです。一神教では神が自然をつくったのです。日本では自然が神を生じせしめたのです。

日本人は、「お天道《てんとう》さま」という言葉をよく使います。それを即座に太陽のことだと考えます。しかし、この言葉をよく見てください。「天の道」なのです。太陽のことだけではありません。「天」は、宇宙のことでも、自然を意味する言葉でもあるのです。その「道」とは、まさにアインシュタインのいう科学が到達した「宗教性」ではないでしょうか。

日本人は自然を「お天道さま」といって、そこに感情を入れて語ります。精神性を入れ込むことで、信仰というものが芽生えていきます。それが神道の「宗教性」と考えていいのです。

俳句や和歌が自然を冷たく分析するのではなくて、そこに、自分たちも自然の一部であるという共感を入れる、そういう自然です。科学者が自然を冷たく分析するのに対して、われわれ日本人はそこに共感を込めるというところが、日本の宗教の基本にあるのです。

世界を支配するのは一神教です。彼らは、自然を神の下においています。日本人とは違うのです。

それに対して日本は、神の前に自然がある、天地万物があるという宗教です。人格神が前面に出ないということが日本の宗教の普遍性の根底にはあるのです。つまり、日本の神々の根源は自然なのです。「自ら然り」という意味でも自然なのです。

一神教のように神に帰依するということがありません。さまざまな神を信仰しても根源には自然があるのです。

なぜ日本の宗教だけが自然を神と呼ぶのか。本書でその答えに迫ってみたいと思います。

コラム①　出雲大社は日本で一番高い建物だった!?

出雲大社は平成二十五（二〇一三）年に、六十年ごとの建て替えという遷宮《せんぐう》を迎えました。伊勢神宮と並んで、日本で一番有名な神社の一つであることはご存じでしょう。

『口遊《くちずさみ》』という平安中期、十世紀の書物の中に、「日本で一番大きな建物は」という質問に、「雲太、和二、京三」という表現が出てきます。「雲太」は「出雲太郎」、出雲大社のことで、具体的には神殿を指します。

ちなみに「和二」は、大和次郎で東大寺の大仏殿、「京三」は京都御所の大極殿のことです。『口遊』という本は、子供たちに口ずさんでもらえるようにという意図でつくられた本ですが、九九の表などとともにこの記述があります。

神社にお寺、さらには御所と、宗教の関連性のない建物を、三つ並べて語るということそのものがとても日本的です。単純に建物の高さだけを比較しているわけです。ただ大仏殿よりも高いということは、当時の人には「神道のほうが上だ」という気持ちもあったはずです。このことからも「神仏習合」――神道、仏教を一緒にしていたということがよくわかります。

話を高さに戻しましょう。大仏殿の高さは十二丈六尺、つまり約三八メートルですから、出雲大社はそれより高いということです。

出雲大社は、平安時代の中頃から二百年の間に社殿が七度も倒壊したという記録が残っています。

現在のものは延享《えんきょう》元（一七四四）年に建設されました。その都度、出雲大社はだんだん低くなって、今は二四メートルしかありません。平安時代には大仏殿よりも高かったということですから、三十二丈、およそ九六メートルもあったと予想されます。

その証拠に平成十二年の発掘調査で、出雲大社の境内から杉の大木三本を束ねた巨大な柱＝心《しん》の御柱《みはしら》の遺構が発見されました。とくに宇豆柱《うづばしら》と呼ばれる中心の柱が重要で、まさしく御柱信仰がうかがえます。妻側中央の柱が、棟を直接支える棟持柱《むなもちばしら》となっているのです。神々を御柱と呼んできたことに対応するかのようです。

当時を再現した模型を見ると、中央に階段状の坂があって、その上に社が置かれている構造です。これは神話によれば、大国主命がお住まいになる（その霊が祀ってある）ところで、天照大神が住んでいる宮殿と同じように立派なものということです。

このせり上がった神社の構造は、前方後円墳の高くせり上がった後円のところに棺を置く、つまり山の上に御霊が置かれる、あるいは棺が置かれるという構造と似ています。

仁徳天皇陵の例でいえば、三五メートルくらいありました。九六メートルあったと思われる出雲大社が、「出雲太郎」という名前で呼ばれていたというのもうなずけます。雲を

出土した心の御柱などを元に復元した、古代の出雲大社の模型
（所蔵：島根県立古代出雲歴史博物館、写真：朝日新聞社）

つくほどの巨大な建物だったわけです。

　高いものを見る、仰ぎ見るということは基本的に山への信仰ということができます。エジプトのピラミッドもそうですし、アンコールワットやボロブドゥール、あるいはメキシコのアステカ、マヤ、ティオティワカンなどの文明のピラミッド状の建物も同じ意味合いです。

　もちろん、いろいろな歴史的な背景は違っても、石や土を積み上げて高い山をつくることそのものが、信仰と結び付くのは世界的な自然信仰を基本にしているといってもいいでしょう。巨大な岩、高い山という自然の畏怖感を与える大きなものが、神の対象になるわけです。そういう高いものの記録が残っているということで、われわれの自然信仰の一つの象徴として、出雲大社を考えることができます。

　出雲大社の今の宮司（千家家）が高円宮《たかまどのみや》のお嬢様と結婚されたということは、日本の信仰の一つの原点としての出雲大社と皇室が結ばれているということです。これは出雲大社、大国主命系の出雲系（弥生系といってもいい）の人たち、外国からやってきた民族が日本に帰化し、もともといた東の縄文系の、つまり天照大神系の人々の家系とが結ばれたということを象徴しているわけです。

　現代に及んでも、まだまだ天照系と出雲系という関係が結ばれていくという、興味深い歴史の連続性があるのです。

第二章　一神教の「虚構」

◉一神教の「虚構」はどこにあるのか

ニーチェは十九世紀末に「神は死んだ」と述べました。『悦ばしき知識』（一八八二年）の中の記述です。それはキリスト教の「神」だけでなく、西洋的・超越的な形而上学への信仰を否定したものでした。

しかし、そのような形而上学を含めて、最初から「神はいなかった」のです。それが、「虚構」であるということをはっきり述べることからはじめたいと思います。

一神教は、唯一無二の神を信じています。ユダヤ教・キリスト教の経典である『旧約聖書』の創世記を見てみましょう。

「神は大地を創造された」

天地創造のくだりです。

「地は混沌であって、闇が深淵の表にあり、神の霊が水の表を動いていた。神がいわれた、『光あれ』と——。

こうして光があった。神は光を見て、『よし』とされた。神は光と闇を分け、光を昼と呼び、闇を夜と呼ばれた。夕があり、朝があった。大地の日である——」

ここで重要なことはまず神が最初にあるということです。すべての自然現象は神がつくったというわけです。

一方、「混沌とした天地根源はすでにまとまっていたとしても」と書かれた『古事記』の方は、そこに「まとまっていた」とする自然の観念がすでにあります。「まだ何らかのきざしも形も現れません」と次に書かれ、自然の起源である状態が述べられるのです。「誰一人、その形を知るものはない」と正直に、宇宙の原初の状態が記され、そこから天と地という自然が生まれてきた、というのです。この文章は何気なく書かれていますが、まさに現代の自然科学が認知している自然の発生の解読と似ています。

ところが、「創世記」の方は、すべての自然現象は神がつくったというわけです。しかしこれは普通に考えても、初めから何らかの意思をもった人格神がいたとは考えられません。現代の科学者がいうように、何ものかから、自ずと生成していったという考え方が当然といえるでしょう。その考え方は、日本の神話に近いのです。

明治以降、一神論に基づく形而上学が西洋の思想だということで、それが「近代化」を進める日本に入ってきました。われわれはそれを翻訳して読んで、感心し、それは一つの真理だと思ってしまいました。しかし、大多数の日本人は、根本的に考えれば、それはおかしいとも思っていたのです。つまりキリスト教徒にはなりきれなかったのです。

いったいその神とは何なのかと問うてもよくわからなかったのです。キリストのいう神は人格神です。サンピエトロ大聖堂の礼拝場に、ミケランジェロによって描かれた天井画を見ると、立派なひげ面をした老人として描かれています。しかし、そんな人物が本当にいたのかどうかはわかりません。

そもそも、日本人には、そんな人間の恰好をしている神が全能の神で、その神が自然さえも創造したとは考えられないわけです。つまり「一神教は間違っている」と日本人は考えているのです。

『旧約聖書』の最初の言葉が間違っている、「虚構」であるということです。

こういうとキリスト教徒に非難されることはわかっていますが、私は非難していっているわけではないのです。われわれはさらに別の神を立てて、彼らの神を批判しているわけではないのです。現実的・科学的な立場からいっているだけのことです。

◉『古事記』と『旧約聖書』の決定的な違いは何か

日本では、一神というものがなく、それが自然と置き換わっているのです。また、この自然は、無機質のものではありません。自然というものに、われわれは「アニマ」（霊魂）を感じています。そこに魂がある、精神があると感じているのです。

これはアインシュタインのいう「宗教性」と同じではないでしょうか。「ゆらぎ」という言葉を、最新の科学では使いはじめています。しかし、この「ゆらぎ」というものの実体は、いまだに科学では解明されていません。

でもそれは、日本人が畏怖感とともに自然に対して感じていたことで、日本の神話が語っていたことです。

『古事記』や『日本書紀』の冒頭にも、『旧約聖書』と同じように天地創造に関する記述があります。繰り返しこれを検討してみましょう。

「はじめ天地は混沌としていた」ということです。「天地《あまつち》」という言葉を使っています。（あめ）そしてそこに、自然が現れるのです。神ではありません。

最初に混沌とした大地があった。混沌とした空間、時間があった。これは「無」です。

何もない状態──「天地が混沌としている」という状態で現れた、と神話は書いています。

何やらこれは、現代の宇宙論が説くビッグバン現象と似ています。しかし、それ以前はわからないのです。

無の中に大地が現れたというわけです。

その泥の中に、葦《あし》の芽が、つまり生命が生えてきたと続きます。「芽」と書いていますから、植物です。葦の芽が、つまり生命が現れてきたのです。自然そのものです。まだ神はいません。これは自然科学が今、研究していることと同じようです。「無」の状態からすべてがはじまるわけで、神はいないのです。

日本の神話は、自然、天、地というところにこだわっているのです。『旧約聖書』のように神が「自然をつくった」のではなくて、自然が神さえもつくったということです。その自然そのものを神と呼ぶとき、それが「神道」となるのです。西洋とは逆転しているのです。この「神道」を「自然道」と呼べば現代の人々も納得できるはずです。アインシュタインや村上和雄がそういうことをいっているからです。

現代のキリスト教の信者であれ、どの宗教の信者でも、「信仰」を捨てる必要はなく、一神という「虚構」ではなく、自然神を考えればよいのです。それをすでに、日本人が神話でいっているのです。

◉自然と共存した縄文時代

日本人はお米をつくる前に、縄文時代から長い期間、狩猟・採集経済で生きてきました。自然の中で、自然と調和しながら、自然が人間にとって友好的だ、ということを肌で感じていたといえます。

縄文は狩猟・採集の時代といいますが、狩猟・採集を続けるためには、自然を壊さずに付き合うことが必要でした。

この事実は、青森の三内丸山遺跡がはっきり証明してくれました。クリやドングリを主食にしながら、魚や猪を食べていました。ときには五百人を超えるような人たちが、千五百年にもわたって生活していたということがわかっています。

三内丸山遺跡に行くと、「祈り」の場所があったこともわかります。六本の大木が支えた神殿があったと思われます。その「祈り」は自然に対してであり、その「御霊」に対してであったと考えられます。そうした「祈り」が神道のはじまりだったのです。

それを西洋では「アニミズム」と呼ぶという方がいるかもしれません。確かにタイラーという進化論的人類学者は人間の自然物（動植物をはじめとする人間周囲の自然的存在）に「霊」の観念をもち、さらに上位の神の観念をもつようになる信仰を「アニミズム」と呼びました。しかし、日本の自然信仰は、それにとどまっていません。その自然から神が生まれ、人間が生まれたとする連続性を考えたのです。この連続性こそが「日本神話」の語るところです。

そうした日本で、『古事記』『日本書紀』の最初の言葉が、世界の宗教を支配する一神教を否定する、「自然」信仰に基づくものであることに注目すべきなのです。そしてそれは、現代の

三内丸山遺跡（青森県青森市）の大型掘立柱建物（復元）

最新の科学が自然に対して考える思想と共通しているということです。

◉ビッグバン現象を書き記した神話

また、『古事記』『日本書記』が描く神話を読んでみましょう。

「さて、神や人の生活する場所になるところがまだしっかりと固まらず、ちょうど水面に浮かべた油のような有り様で、その中心も境界もとらえどころがなく、水中のくらげのように定まらずに、漂っていたときのことでしたが、葦の芽のように勢いよく噴き出してのびてゆくものによって成った神がありまして、そのみ名を『ウマシアシカビヒコヂの神』、それから、『天之《あめの》常立《とこたち》の神』と申します。この二柱の神も、またいずれも、おひとりで働きをなさる神としていらっしゃり、姿・形をお示しになることはありません。その次になった神があります」として、「国之《の》常立の神」「豊雲野の神」があげられ、これらの神も、姿・形を現さないのです。また次も、「ウヒヂニの神」「イモスヒヂニの神」、そして「角杙《つのくひ》の神」「妹活杙《いもいくくひ》の神」などが生まれて、最後に「イザナギの神」「イザナミの神」が生まれるのです。これらの神々は、みな「生成の神様」といってよいでしょう。

天と地が分かれて、最初に、天御中主神《あめのみなかぬしのかみ》、高御産巣日神《たかみむすひの》、神産巣日神《かむむすひの》の三柱の神々が登場します。この神々のうち二神の名前には「むす」という言葉が入っています。自然に生じるという、動きそのものの神様です。みな単独で生まれ出ては消えてしまいます。そうした単性生殖のような神々が、「むす」と「なる」という、「なる神」という進行形の状態を、神と呼んでいることになります。

それからイザナギ、イザナミの「男女一対の神」が神々や人の祖先となりました。

日本の神話に登場する神の名前は、けっして固有の名前ではなくて、神が、必ずしも人格神ではなく、ある状態、ある力をもった自然的存在であることを暗示しています。イザナギノミコト、イザナミノミコト、それが最初の男女二神です。

イザナギノミコトは「誘《いざな》う男」、イザナミノミコトも「誘う女」という意味です。「ギ」という言葉は「男」という意味で、「ミ」は「女」です。「イザナ」は「誘う」こと。お互いどうしが誘う。愛というものを客観化しているわけです。

また次の神々を生んでいきます。大事忍男《おおことおしを》の神、石土毘古《いわつちびこ》の神、石巣比売《いはすひめ》の神、大戸日別《おほとひわけ》の神、天之吹男《あめのふきを》の神、大屋毘古《びこ》の神、風木津別之忍男《かざもつわけのおしを》の神。これらの神々の名を読むと、明らかに自然の中の役割を負った神々だということがわかります。自然の「動因」の神々なのです。

現代の科学が、その解明に努力している「生成力」そのものが、神となっているのです。

「次に海の神をお生みになりました。み名を大綿津見《おほわたつみ》の神と申します」と書かれ、「みなとの神」である「速秋津日子《はやあきつひこ》の神」「妹速秋津比売《いもはやあきつひめ》の神」が生まれます。この二柱の神が、河と海とを分担して、沫《あわ》となぎ、波、水分け、杙《くひ》などの神々を生み出すのです。風の神、木の神、山の神を次々と生み出します。この山の神が大山津見の神です。島の神、火の神も生まれます。自然現象がすべて「神」で代名されるのです。

これでおわかりでしょう。自然そのものが日本人にとって神なのです。イザナミの神はこの火の神、カグツチの神を生んだために、みほと（大切な器官＝生殖器）を焼かれて、病の床についてしまったのです。そして黄泉《よみ》の国に行かれたことはご存じでしょう。イザナギの神はその黄泉の国のおぞましい光景を見てしまい、イザナミの神に復讐されるのです。やっと逃げおおせたイザナギの神の左目から天照大神《あまてらすおおみかみ》が、右目から月読《つくよみ》の命、鼻からスサノオノミコトが生まれました。

◉『古事記』『日本書紀』は科学的な目で書かれていた！

このことが神話の読み方として非常に重要なところだろうと思われます。

最初は女性のほうが誘ったために、蛭子《ひるこ》が生まれることになります。要するに奇形児です。それは近親相姦《そうかん》の結果だということには、まだ気が付かないのです。

いずれにしても彼らは人格神ではありません。男女の別が出てきたときにそういう役割を、神の名前にしているわけです。そのことが非常に重要なことです。

日本の神話に登場する神々は、自然の過程（性交）によって生まれてきた存在なのです。キリスト教の処女懐胎《かいたい》という話とはまったく違います。まさに科学的な、どうして人間が生まれてきたのかという過程をしっかり考えた上での神々だったのです。客観的に考えられた神々だということもできます。

その後さまざまな島々をつくられ、これを大八洲《おおやしま》の国としました。

その山川草木を生み、こうして「天下の主者《きみたるもの》を生む」のです。そこで「大日孁貴《おおひるめのむち》」すなわち天照大神が生まれました。天照大神は「はなやかに光うるわしく国中を照りわたらせ」ました。天照大神は太陽神で、太陽からのエネルギーを得ているという現象を神としているわけです。

スサノオも、荒れすさむという意味です。「オ」というのは「男」です。荒れすさむ男という、人間の暴力的な一面を、一つの神としているのです。そういう神がたくさん現れるのです。日本の神話というのは自然がいかに自然現象を生み、その一つ一つが神になっていくかを記しているのです。つまり自然が神となっているということを語っているのです。

今の自然科学でまだ解明されていない部分に、神の名前を付けて呼んでいるといってもいいでしょう。昔の人々は、自然からさまざまなものが生み出されたその過程がどうしてそうなったかを自然科学として追究しているのです。そこに精神性を与えて神と名付けているのです。

私は『古事記』や『日本書紀』を読んで、それがいかに科学的に書かれているかを知って感動しました。

日本の神々は、天地の存在した後に生まれてくるのです。したがって、天地万物のほかに、誰かが命令を下して、この世に登場したというようなことはありません。自ら生まれてくるのです。

自然から次々と神々が生じ、その神々が自然現象となって人間に至るのです。天照大神からその子孫が、天孫降臨し、そして天皇家が生まれていく道筋は、まさに「道理」として展開していくことを『記紀』が語っているのです。

こうして天皇の系譜だけでなく、国民の一人ひとりまで、何らかの神々から生まれたという感覚を植え付けていくのです。

◉一神教と多神教の違いは？

一神教では、神が自然をつくったといいます。すべては神が創生するわけです。当然、自然の中に、神の論理を探す志向が生まれます。自然のつくり出すさまざまな状況を分析し、そこに神の論理を見出そうとするわけです。そのことによって神が生まれ、のちに科学が発達しました。神がつくられた以上、そこに理由があるはずだ、ということです。

一方、日本ではどうかというと、最初に天と地という自然があります。そこから神々や人間などが生まれたと考え、意志的な誰かが自然をつくったとは考えないので、その理由を探究する起因が生じません。自然が与えたものに対する、受容的な対応しかないからです。そこに原理を発見しようという志向はありません。そこには科学的な論理性を追究する必然性がないのです。

一神教は違います。神がつくったものなら、そこに論理的な説明が必要になります。そこに一神教と自然道＝神道の、科学に対する態度に決定的な違いが生じるのです。

しかし、その探究に対する諦観は、科学の探究を理解しないというのではありません。尽きせぬ自然の大きさには挑戦などしませんが、その懐の深さに分け入る好奇心と喜びの気持ちがあります。人間自身も自然の一部ですから、自らの身体を知る気持ちがあるのです。中国から陰陽道が、西洋から科学が来たとき、そこに尽きぬ探究心がわいたのです。

ここで一神教と多神教について整理しておきましょう。

一神教にはユダヤ教、キリスト教、イスラム教などがあります。多神教はギリシャ・ローマの宗教や、ヒンドゥー教や神道などがあります。

ユダヤ教の経典の一つである『旧約聖書』を読むと、どういう世界観の中でユダヤ教という一神教が生まれたのかがよくわかります。すでに簡単にその経緯は述べましたが、それはユダヤ教に限らず、キリスト教、イスラム教にも共通するものです。キリスト教とイスラム教はユダヤ教を受け継いだものだからです。

『旧約聖書』には、人間が争い合うことが常態であるかのごとく描かれています。つまり人間は争うものであり、それを繰り返してきたという歴史観が見出せるのです。こうした世界観、あるいは歴史観は、ユーラシア大陸全体の各民族に当てはめることができます。移動する民族が多いからです。そもそも都市とは戦争の際に市民を防御するために生まれてきたのです。

日本は争う必要のない環境をもっていました。恵まれた自然環境、島国ということです。よりよい自然環境を求めて移動することがあっても、他部族との戦いは避けてきました。縄文時代までは集落には防壁も濠もありませんでした。その点でユーラシア大陸の民とは違っていました。青森県の縄文時代の遺跡・三内丸山遺跡を見ても周囲に壁もない状態で、千五百年間も住み続けていました。

一方、大陸の人々は、移動の途中で他民族を征服したり、生存をかけて戦いあう必要がありました。

民族の移動のためには集団が同じ行動をとらなければなりません。統制をとるために、一神の下で団結する宗教というものが活用されたことは容易に想像できます。人々の心をまとめるために宗教が生まれ、それが一神教を生む素地になったわけです。それは共同体のための宗教でした。

統制をとるために生まれたものがもう一つあります。言語です。号令一下、一つの言葉を通じて指示する必要がありました。「神」と「言葉」はその民族を守る手段として必要だったのです。

●自然との調和を目指す日本

一方、多神教は、自然との深い関わりをもつ国や地域に、自然を神々とする宗教として生まれてきたのです。

移動する必要がないので、長年、同じ場所に住むことができます。命令するための共通の言語も必要ありません。地域だけの口承の日常的な言葉で十分でした。長年住めば、その土地に愛着がわきます。山、川、原野、森など、身近にあるものに愛着を感じ、自然とそこに神的な力を感じることになります。それが「自然道＝神道」のはじまりです。日本は豊かな自然に恵まれたことで、人々は土地に帰属する生活を続けることが可能でした。

生業においても、狩猟採集から稲作という農耕を加えた形で、縄文から弥生時代へと進んでいきました。

日本の場合は、いつの時代でも「自然との調和」が図られてきました。やがてそれは自然に対する信仰となり、そこに共同体の中で死者の霊を祀るために御霊信仰が生まれ、その統治者への信仰、すなわち皇祖霊信仰が生まれました。

民族を束ねるために生まれたユダヤ教、のちのキリスト教に代表される一神教と、「自然道＝神道」の違いはそこにあります。

日本の神道には文字に記された経典がありません。教義という言葉が残されていません。先ほどもふれたように、一神教に見られる言葉も不要だったわけです。

とりわけ島国として大陸から切り離された場所にあった日本は、恵まれた自然風土から自然信仰が育まれ、八百万の神といわれるように、万物に神が宿るという思想が定着していったのです。

同じ多神教でも、ギリシャ神話やヒンドゥー教が広まったインドなどでは、大陸に位置していることから、いろいろな神様がいるものの、神々もまた争いあうような、闘争心の強い多神教が生まれていきました。

◉ユダヤ人のフロイトがいったこと

一神教について、ユダヤ人のフロイトがいっている解釈があります。ユダヤ教の人、あるいはキリスト教の人々をある意味で納得させるようにつくられた考えです。

フロイトは近代の精神分析学の創始者です。二十世紀にはフロイトの考え方が流布し、あたかも常識として、その言説を知識人も引用することが多くありました。

彼は、「宗教は幻想である」ということをはっきりいっています。同時に自然の人格化であるともいっています。

第一段階として、宗教が生まれるには、自然を人格化しなければいけないというわけです。人格化しなければ、それを理解する気も、そこに霊を感じることもないということです。

一方、日本人はそのまま自然の中に霊を感じます。そこから生まれてくる神々は、自然そのものの子孫で、そこに人間の共同体をつくったとしても、その性格を受け継いでいるのです。自然と截然《せつぜん》と切り離されることはないのです。

フロイトは、そういう自然に出てくるものが不可思議だと感じると、それをとにかく人格化しないとまとまりがつかない、といいます。あるいは、まず考える対象を神として想定することによって、人間の言葉で解釈していくのだというのです。一方で彼は「神は幻想」といっています。

それを自然の混沌、あるいは天地の混沌とすると、対象化できず、もうそこで議論がとどまってしまうわけです。それを神と名付けたときに、神という幻想が生まれ、そこから理想化がはじまるといいます。その偉大さがすべてをのみ込み、あるいはすべてに力を与え、すべてを支配する。その「幻想」で生まれてくる神によって、宗教という安らぎが生まれるというわけです。

フロイトは、神は自然現象の人格化であるといっています。この考え方は神が自然をつくったとするユダヤ教の考えとは異なり、むしろ日本の自然観念と似ています。

実際、われわれが東日本大震災の地震や津波のときに感じたように、人間は自然に逆らうことができない、刃向かうこともできないという経験が、「神」体験を生み出すのに対し、それを「神」とは異なる「悪魔」と見るのが西洋の自然観です。

少なくともキリスト教徒、ユダヤ教徒、あるいは西洋人は、自然が人間に悪いことをする「悪魔」と見ることで、悪魔退治をしなければいけないということになるのです。日本にはこうした「悪魔」の観念はありません。

「神」と対立する何やら不明なものを「悪魔」とすることで「宗教」がはじまっていくと、フロイトはいっています。

フロイトは心理学者ですから、それについて子供と父親の心理関係にその起因があると述べています。神は自然の親化に通じるのです。

人間は幼児のときは無力です。そのときに叩き込まれた宗教教育がほとんど一つの前提となって、人生を過ごすようになるわけです。そのときに神というものは、幼児にとっては父親の存在として映るのだとフロイトはいいます。

父親としての役割を演ずるものが、宗教というもので、キリスト教の神もそこで生まれるというわけです。

フロイトは、常に子供と父親、子供と母親という、オイディプス信仰のことを述べますが、それが西洋の神の観念の基礎になるからです。

自分が望む母親、自分が尊敬すべき父親という存在が、実際の生活では常に実現されません。たとえば、母親の場合は兄弟が生まれると、母の愛は独占できません。あるいは父そのものが母の愛を奪います。すると子供は、いつもその愛の欠乏感をいだくことになります。自分は十全に愛されていないというストレスが生じます。それが人間の不幸の原因だということをフロイトはいうのです。

しかし、フロイトの欠点は、調和した父母と子供の関係は存在しない、という考えが前提となっていることです。

逆に日本人には、自然から受け継いだ家族関係は、自然が調和的に発展しているように、円滑にいくものだという楽観的な考えがあるのです。そして、お互いに親戚どうしで助けたり、あるいは共同体が個人を助けたり、そのような助け合いがあると自然に考えるのです。そこがユダヤ人であるフロイトの思想の限界といっていいでしょう。彼にとって、人間は「不幸」であることが前提になるのです。

そのような共同体の助けが受けられないという状態は、歴史的にユダヤ人の特殊性でもありました。ですから、「個人だけで生きる」という考え方が、ユダヤ人には当然出てくるわけです。フロイトの思考はまさにユダヤ人的だったのです。

その個人から生まれたのが宗教だというのがユダヤ教です。神とユダヤ人の一人ひとりが契約するという発想が生まれます。契約などしなくても、もともと信頼関係がある社会とは異なります。

「神」がいう「私だけを信じなさい」、「私だけが、あなたたちユダヤ人を守ることができる」という「神」との契約関係をつくるのがユダヤ教です。また彼らの書く「タルムード」にもそれが基本にあります。

◉神＝父は一人しかいない

フロイトは「宗教は必然的存在である」と考えます。確かに幼い子供にとって、父親は一人しかいませんから、その意識からは一神教に結び付きます。

このようなユダヤ人の考え方からは、自然信仰も多神教も考えられません。「幻想」としての宗教をフロイトが考えるときに、そこには、人間は誰でも、現実を受け入れられない存在だとして神経症が想定されており、常に心理的な抑圧感があるという前提があるのです。

願望と現実との不一致が恒常的にあるということです。幼児が父親への愛情を抱いても、現実にはそれに応えてくれるわけではない。父親たる一神教の宗教にも同じことを感じることになるわけです。

常に周囲に違和感とともに抑圧を感じる——これは流浪の民であるユダヤ人に特有の考え方です。

ドイツでは、哲学者であり、社会学者、音楽家であるテオドール・アドルノが、常にそういう状態にあるユダヤ人を前提として、常に異議申し立てを行う思想をつくり出しました。ドイツのフランクフルトに彼の研究所があったため、その学派はフランクフルト学派と呼ばれています。一九六八年にフランスで起きた学生運動の「五月革命」、日本の東大紛争などは、この学派の思想が主導しました。

ある意味でユダヤ人が、ヨーロッパの歴史で疎外されてきたことの結果が、一神教をつくり出したといっていいのかもしれません。キリスト教、イスラム教もその一派ですが、それぞれが互いに抱く敵意は、「近親憎悪」というものでしょう。いずれにせよ、ユダヤ教がもとなのです。

宗教にすがったとしても、決して全面的に満たされることはないということも、フロイトはいっています。

われわれのような一神教外の人間にとっては、フロイトの説は当てはまらず、この心理学者の思い込みとしか考えられません。

コラム② 春日大社と興福寺

奈良に行くと、春日大社と興福寺が隣り合っているのを見ることができます。外国人にとってはキリスト教会とイスラム教会が隣どうしに建っているようなもので、一見、不思議な光景に思えるかもしれません。

仏教が伝来した欽明天皇の時代は、ちょうど東大寺の大仏殿が出来る二百年前に当たります。百済《くだら》から経典とともに仏像が入ってきました。この仏像があるからこそ祟《たた》りが生まれたということで、物部《もののべ》氏と蘇我氏が争ったことは有名な話です。

しかし仏教が入ったために、神道が衰えたかというと、そうではありません。仏教が来たことによってその対立項として「神道」という言葉が生まれたといってもいいわけです。藤原氏が平城京で造った寺が興福寺です。春日大社の隣、しかも山の麓《ふもと》です。奈良という名前は、斜めにある土地を「ならす」から来ているといわれています。

春日大社と興福寺の二つが、今は一体となっているかに見えるでしょう。

本文でも述べましたが、平城京が出来てから神宮寺という寺が建てられます。その名前からわかるように「神の宮で寺」ということで、これは仏が、仏像が来たときにそれを仏神と呼んで、つまり仏は神の一つだというふうに見たことに端を発しているわけです。興福寺も建てられたときは神宮寺の一つだったといっていいでしょう。

　われわれ日本人は共同体として「神道」を受け取っていて、自然信仰なり御霊信仰なり、皇祖霊信仰を形にしてきたといえます。まさに古墳というもの、墳墓というもの、すなわち祖先の墓をつくってきたわけです。そうした共同体があったところに仏――仏像がやって来た。単独の一人の人間、釈迦《しゃか》が来たということです。

　百済から単独の像が来た、人間像が来たことは、日本人に個人というものを目覚めさせるきっかけになりました。これまでは「共同体としての一人」という意識で生きてきた人々が、個々の肉体をもった一人の像として仏像が来たために、それを個人主義、個人として存在する自分というものを意識しはじめたわけです。それを聖徳太子は理解されて、仏像を受け入れたと私は考えます。聖徳太子が建てられた法隆寺の仏像の意味は、そこにあります。人間の孤独な生、病気、そして死という苦を一人の個体として受け入れるということで、仏教を取り入れたわけです。

　興福寺というお寺は法相宗です。法相宗の教理は非常に難しく、唯識論という哲学をもっています。これは人間の五識《ごしき》を意識します。五識というのは目、耳、鼻、舌、身の五根によって生じる認識のことで、つまりは視覚、聴覚、嗅覚、味覚、触覚の五感のことです。その五感プラスそれを意識する六感、そしてそれを統合する七感、そして八感目で「阿頼《あら》耶識《やしき》」というもう一つの深い人間の意識を感じる――それが唯識論です。そういうものを取り入れたのが興福寺です。

お寺と春日大社はどう結び付くのか。どちらも、建てたのは藤原氏です。春日大社の成立年代は八世紀後半になりますが、同じ土地に建てられました。神社と仏閣を同じところに建てるというのはどういう意味があるのでしょうか。私はここに典型的な神道と仏教の関係が示されていると感じています。

まず山とその土地に、神がおられるところという意味で神社がつくられました。七世紀、そこにやってきた仏の教えを説く僧侶は、個人の存在の重要性を述べたのです。すると立体的に、春日大社と興福寺があることによって、人々は共同体としての人間、あるいは自然の中の人間と、個体としての人間を、それぞれ体感することになったのです。そうした考え方は、神宮寺の考えにあったわけです。

つまり、土地、あるいはその地の自然というものを「神」という言葉で呼び、そこに寺――人間というものを個々に考える場所をつくったのです。そしてそれを神宮寺と呼ぶわけです。神に奉仕したのです。神に仏教的定義を捧げた意味とはそういうことです。日本中につくられていきました。明治になって廃仏《はいぶつ》毀釈《きしゃく》があって少なくなりましたが、今でも神宮寺として残っている寺や地名があります。

春日大社と興福寺が八世紀につくられたことは、まさに日本人の「自然道」から仏教が出来たことを体現しているのです。なぜかというと、神道の上に仏教という日本人の考え方に基づくわけです。

今でこそ神社と仏閣が別々にありますが、これは明治時代、「神仏分離」の動きからそうなってしまったのです。特に戦後は、神道指令などで神道が国家の管理から離れてしまったことによって、仏教がそれと全く別個のものとして考えられるようになったのです。しかしたとえ物理的に仏寺を離しても、日本人の心は、もともとそういう共同体と個人というものが両方の中に生きているわけで、そういう考え方は変わりません。

今も神社と仏閣が争っているわけではありません。神仏分離し、別々の宗教であれば本来は争うはずですが対立していません。信徒数を獲得しようとしたり、檀家《だんか》を奪いあったりすれば、そこに競争が出てくるはずですが、それがないということは基本的に神社とお寺の役割の違いが理解されているということです。

奈良に行くと、春日大社と興福寺が並存し、共存しているということをわれわれは今でも確かめられます。

◉春日大社に鹿がいる理由

今では春日大社の鹿は奈良の風物詩になっています。こんなに多くの鹿が放し飼いになっていながら危険性を感じないで接することができるのも日本だけです。鹿もむろん動物

春日大社（奈良県奈良市）の鹿
「神の使い」として保護され、数多く生息している。

だから自然の一部です。

実をいうと、これは鹿島神宮から来たのですが、あまり知られていません。春日大社には武甕槌命《たけみかづちのみこと》が祀られていますが、これは関東の鹿島神宮の神です。これが奈良に鹿を連れてきたということになっています。

藤原家の始祖・藤原鎌足の神社は鹿島神宮のそばにあります。藤原氏はそこから出たということを鹿島神宮は伝えているのです。鹿島神宮には春日大社と同じように鹿がいたのです。これが「神鹿《しんろく》」となって春日大社に連れてこられたのです。それが今では奈良の名物になっているのです。

鹿信仰といってもいいもので、神の鹿なのです。そのことによって、「神道」の自然信仰をよく示しています。

春日大社の背後には三笠山がそびえています。これと同じ名前の山が鹿島神宮の周囲にあります。この名も鹿島から来ました。阿倍仲麻呂の歌でもご存じでしょう。《天の原ふりさけみれば春日なる　三笠の山に出でし月かも》。天の原をふり仰いで見ると、月が見えるという意味です。三笠山そのものもご神体であると同時に月も神であるという自然の光景を仲麻呂は思い出していたのです。

「高天原」という地名が、常陸の鹿島神宮の周囲に残されています。「天の原」という阿倍仲麻呂の言葉は、きっとそのことを知って書き記したのかもしれません。唐にとどまり、帰国することがついにかなわなかった、この「博学秀才」が、遠く唐の長安でなお、その博識ぶりを発揮した歌です。

むろん鹿島周辺は「高い原」があるところではなく、むしろ海辺の低い場所にあります。しかし、山部赤人《やまべのあかひと》も同じ『万葉集』で、富士山のことを「天の原」と歌っています。これは「ふりさけ見れば」という言葉が必ずといっていいように付け加えられていますが、これは「ふり仰いで遠くを見る」という意味で、遠くから見る富士山にふさわしいものです。

三笠山は標高三百メートルにも満たない低い山ですが、山容は笠を伏せた形で、御蓋山《みかさ》と呼ばれています。小さいけれども富士山に似ています。御蓋とは天皇の御蓋となる近衛の軍のことを意味します。つまり三笠山は、天皇を守る役の藤原家を意味することになります。

戦後の「反権力」史観で、藤原家は悪者にされましたが、もともと関東から来た、天皇の護衛役であったのです。そして天皇家自体も太陽の上る東国からきたのです。（拙著『本当はすごい！　東京の歴史』（ビジネス社）参照）

このことは、天皇家の由来が、天照大神であり、天照大神自身は太陽神で、東から上る太陽のことでもあります。三笠山は平城京の東にある山であり、その麓にこの春日大社が建てられ、興福寺が建立されたのです。高天原＝富士山が見える東国から太陽神でもある天照大神が生まれ、その子孫が九州に天孫降臨されたという道筋は、まさに自然の摂理として「すめらみこと」＝天皇家が生まれた、それを東国からきた武甕槌命の係累の藤原家（おそらく富士原が原義だったでしょう）が守ることが『記紀』の記す日本の統治形態であったのです。これも「自然」から「神」、そして「天皇」と続く「自然道」として理解できます。

興福寺にはたくさんの仏像があります。戦災などをかいくぐり、奇跡的にかつての像がたくさん残っています。

たとえば有名な阿修羅像《あしゅらぞう》。阿修羅像のあの若々しさ、同時にちょっと眉を顰《ひそ》めた、複雑な表情をされたお姿は大変魅惑的です。六臂《ろっぴ》といって手を六本も出してまさに不可思議な像でもあります。

インドから来たもので、もともとは仏教の像ではありません。しかし日本に来たら、完全に日本の神道の中で理解されることになりました。細い六本の手がまるで木の枝のように見えます。木の中から生まれた若い顔、若い姿、その生き生きとした表情が、自然の木の中から生まれた、あるいは自然の中から生まれ出てくる、そこから生き生きとして成長していく、そういう姿として見ることができるのです。インドの地獄の阿修羅の形相は見られません。そして人間だから悩みも苦しみももっているという姿はそのややしかめた眉にうかがえます。

この像に属する「八部衆」は仏教を守護する異形の神々のことです「竜神八部」として

ある者は竜であったり、鳥であったり、ある者は蛇、そして「夜叉《やしゃ》像」であったりします。不可思議な動物たちですが、彼らもすべてが自然から生まれ、それが擬人化されたものとして表現されているのです。

その他に同じ仏師（将軍万福）による『十大弟子』像があります。当時、ほとんどの仏像に見られる脱乾漆でつくられています。木心に漆で麻布を幾重にも貼り重ね、乾燥させて中の土を抜き取るという用法です。この時代の多くの仏像の傑作がこの用法でつくられています。弟子たちの顔はそれぞれ異なり、個々に個性があるという、仏教の個人主義の思想をよく示しています。しかし、そうした像が、木心、漆、麻布などすべて自然の素材でつくられているのです。ここにも素材そのものが、自然からつくられた人間像という意味をもっているのです。『日本霊異記』などにも、土に埋めた仏像が声を上げたとか、人を呼んだとか、生きた存在のように書かれています。これも、仏像というものが人間像であり、また自然によってつくられたものであることを語っています。

結局、春日大社と興福寺が並んでいるということは、そこに連続的な神道から仏教へという歴史を見事に表しているといえます。

春日大社の場合は、神社そのものは興福寺の後から建てられたといわれますが、三笠山はもともとありました。二つの建物は同じ八世紀に建てられ、一体化しています。べつに興福寺があったから春日大社が建てられたわけではなくて、もともとある山、三笠山、春日山あるいはこの近辺の自然神のあるところに、その自然の土地あるいは森といったものの中に建てられたのが、この二つの神社、仏閣なのです。春日大社には、神道の祭神にそれぞれ仏像の名がつけられている資料があります。神道＝自然道と仏像が一体化していたことの表れです。

第三章　一神教の衝突

◉ユダヤ教とキリスト教とイスラム教は兄弟？

一神教であるユダヤ教の成立過程についてさらに述べてみましょう。

南王朝のユダ王国が新バビロニアに滅ぼされ、多くのユダヤ人が捕虜としてバビロンに連れ去られたとき（バビロン捕囚）、預言者が現れ、唯一神ヤーヴェの意志を伝えたといわれていま す。それがユダヤ教のはじまりです。成立したのは紀元前五八六年のことといわれています。

日本人にはわかりづらいかもしれませんが、戦争に負けて廃墟が残るだけでなく国さえなくなってしまったということです。現在でも中東では国を追われた人たちが難民と呼ばれ、難民キャンプで生活したり、移民などをして暮らしていることはご存じでしょう。

ユダヤ人も国がなくなり、バビロンで捕虜として生活をしていたのです。

そんな民族危機、苦難の時代の中で、逆に自分たちは、神から選ばれた民族であると再認識し、救世主（救い主）を待望しながら生き続けることになります。約五十年後、バビロンが解放され、自由となったユダヤ人はエルサレムに帰還し、ヤーヴェの神殿を再興します。こうしたいきさつが『旧約聖書』に書かれています。

私は、宗教には個人的な要素と共同的な要素に対応する言説が必要だということをさまざまな機会に述べてきました。実はユダヤ教は、民族としての苦難の歴史があるがゆえに、民族のアイデンティティを守る、共同的な要素が強い宗教です。民族宗教といわれるゆえんでもあります。

ユダヤ民族＝ユダヤ教ということであれば、ほかの民族がユダヤ教を信じることができないわけです。

そうした要素を変えたのが、キリスト教だったのです。ユダヤ教の教えを民族の枠を超え、個人の救済という個人的宗教に変えたのです。むろんその経緯には、ユダヤ教との確執がありました。

「もしあなたが今、個人として苦難の中にいるのなら、民族は関係ありません。そのあなたの個人的な苦難を克服しましょう」といったのが、キリスト教が広まった理由です。ユダヤ人のみ救われるという御託がなくなれば、それは世界に広がる可能性が生まれます。キリスト教が世界宗教といわれるゆえんです。

しかし、彼らは『新約聖書』だけを取り上げませんでした。『旧約聖書』もまた『聖書』として残したのです。すなわちユダヤ教の共同宗教としての『旧約聖書』に、個人宗教としての『新約聖書』を加えて出来上がったのが、キリスト教ということです。

しかし、キリスト教が『旧約聖書』を残したことは、そこに矛盾を生じざるを得ません。信じる者がユダヤ人でない場合、共同宗教の『旧約聖書』（ユダヤ教）は障害になるはずです。キリスト自身もユダヤ人でした。ということは、このキリスト教を国教として受け入れた古代ローマ人たちは、すでに人種問題を超えて、その宗教に普遍性を見たことになります。そして、ユダヤの民族性を抽象化し、その民族性を離れ、キリストとその使徒たちを評価して、自分たちの宗教として受け入れたという経緯があります。共同体と個人の言説を両方踏まえた完全性を備えた宗教だからです。

逆にキリストがユダヤ人によって十字架にかけられたという一点で、非ユダヤ人たちは、自分たちの存在感を強調したのです。この矛盾がキリスト教をより強固な世界宗教にしたという側面があります。現在、世界の人口の三一・五％を占める約二十二億人の信者がいるといわれるキリスト教の力になった理由の一つだということです。ユダヤ人に迫害されたイエスは復活することによって神の子になり、精霊を加えることで、三位一体というものに変貌しながら、非ユダヤ人的な色彩を帯びるのです。

こうして見てくると、ユダヤ教もキリスト教も、さらにはイスラム教も、ユダヤの共同宗教的側面を残すことで戦いに備えたということができます。つまり戦いによって生まれた民族の災難を克服する宗教となったといえます。そしてそれが宗教のみならず、新しい文化を生み出す原動力になっていくのです。

◉イスラム教を正しく理解しよう

一時はキリスト教をしのぐ勢いで拡大した宗教がイスラム教です。現在十六億人の信者がいるといわれています。

イスラム教は六一〇年頃、メッカの商人ムハンマドがアッラーを唯一神とする形でつくったといわれています。日本ではすでに「神道」の徒であった聖徳太子が冠位十二階や十七条憲法を定め、仏教を取り入れたのと同じ時代です。

イスラム教は、六二二年にメッカの北方のヤスリブ（後にメディナとなる）を教団の拠点として、六三〇年にメッカを占拠します。メッカにカーバ神殿をつくり、信仰の拠点としてアラビア半島の統一を開始しました。

今でも聖地であるメッカを訪れる「メッカ巡礼」はイスラム教徒にとって生涯に一度は実現するように義務付けられています。

ムハンマドの死後、イスラム教のカリフの下、コーランがつくられます。カリフとは、原義は「代理人」という意味で、ムハンマドの後の指導者、最高権威者の称号です。

そして有名な「コーランか剣か」を掲げ、大征服運動を展開していくことになります。

コーランはイスラム教の経典です。キリスト教の聖書に当たるもので、アッラーから最後の預言者に任命されたムハンマドに対して下された啓示と位置付けられています。ムハンマドの生前に書記によって記録され、死後にまとめられた現在の形はすべてで百十四章からなります。

コーランの中でもっとも重要といわれているのが、第一章の「開扉章」です。これはアッラーの言葉といわれています。

一、慈悲遍《あまね》く慈愛深きアッラーの御名において、
二、称えあれ、アッラー、万有の主、
三、慈悲遍く慈愛深き御方、
四、最後の審判の日の主宰者、
五、われわれはあなたをこそ崇め、あなたにこそ助けを求めます、
六、われわれをまっすぐな道に導いてください、
七、あなたが恵みを与えた人々の道に、あなたの怒りを受けて迷う人々の道ではなく、汝《なんじ》のよみし給《たま》え人々の道を歩まし給え

すべてをアッラーに任せなさいとコーランには記されています。アッラーがすべての中心です。『旧約聖書』で、モーゼが、神の神託を受けて、ユダヤ民族の指導者となり、人々を従わせたのと同じ意味をもちます。つまり、イスラム教は人々がみな神に従えということで、共同

体の宗教をつくります。キリスト教の『新約聖書』、仏教の釈迦の教えのような個人宗教の要素はないのです。

これはイスラム教が偶像崇拝を禁止していることからもわかります。イスラム教は、建築や装飾は非常に発達させますが、人間像をつくることはありません。キリスト教美術では多くのキリスト像、聖人像がつくられました。仏教でも数多くの仏像がつくられました。個人の人間像をつくることで、自然に「個人とは何か」を考えてきたわけです。しかし、イスラム教はそうした個人への視点をもっていません。

これはユダヤ教にもいえます。ともに偶像崇拝を禁止したことで、基本的に個人宗教としての役割が抜け落ちたといえます。個人の「人間とは何か」という問いがないのです。

個人の煩悩、迷いなど、人間の愚かさを救済するという宗教の役割が欠如したことになります。宗教が民族を超えて普遍的になるには、そうした救済の希望を与えることが大事なのです。

キリスト教は、すでに述べたように、『旧約聖書』に『新約聖書』を加えることで、共同宗教に個人宗教を不完全とはいえ、統合することができました。ですから、「ロマネスク」「ゴシック」「ルネサンス」などの時代様式をもつ美術の豊かな人間像が人々に希望を与えるのです。

一方、日本では共同宗教としての「神道」に、個人宗教としての「仏教」をとり入れることによって、「神仏習合」の形で統合性をもったのです。このことは後で述べましょう。

◉イスラム教とキリスト教の戦い

当時のヨーロッパは、ローマ帝国の衰退の後、ゲルマン民族の大移動によって、それまでの秩序が崩壊している最中でした。そこに登場したのがイスラム勢力です。

たとえば、北方では小アジアのビザンチン帝国内に、イスラム勢力であるサラセン帝国が侵入し、七一七年に首都コンスタンティノープルを十四か月にわたって包囲しました。

西方では、そのサラセン帝国が北アフリカからイベリア半島に侵入し、七一一年に西ゴート王国を滅ぼすと、その後はピレネー山脈を越えて、西ヨーロッパ内に侵入していくわけです。

こうしたイスラム勢力の侵攻に対し、ヨーロッパで最初に勝利したのが、フランク王国のカール・マルテルです。七三二年のことです。イスラム教を撃退したフランク王国は、その後、ローマ教皇と結び付いて、八〇〇年にはカール大帝がローマで帝国皇帝として戴冠します。つまり、キリスト教の教皇によって認められた皇帝だったのです。

その後、九世紀半ば以降になると、フランク王国は三つに分かれ、現在のフランス、ドイツ、イタリアになります。皮肉なことに、イスラム勢力のヨーロッパ進出が、現在のヨーロッパの原型が生まれるきっかけになったのです。

こうして「パックス・イスラミカ」の時代、いわゆるイスラム帝国の時代がしばらく続きます。ムハンマドの時代はアラビア半島のみがイスラム勢力の範囲内でしたが、正統カリフ時代にはシリア・エジプト・ペルシアが、ウマイヤ朝時代には東はトランスオクシアナ、西はモロッコ・イベリア半島が勢力下に入っていました。

イスラム世界は、九世紀後半のアッバース朝で宗派対立が強まって、多くの地方政権が生まれます。十世紀の中頃になると、中央アジアにトルコ系初のイスラム教国・カラハン朝が誕生します。九四六年には穏健なシーア派のブワイフ朝がバグダッドを占領し勢力を増していきます。

ブワイフ朝はトルコ人が建国したセルジュク朝に一〇五五年に滅ぼされます。セルジュク朝トルコが誕生し、大領地を獲得します。

それまでイスラム勢力に押されていたヨーロッパですが、一〇九六年にイスラム勢力によって押さえこまれた地域（聖地エルサレム）を奪還するために、十字軍を派遣します。フランドル人などによる騎兵隊約五千人、歩兵三万人といわれる第一回十字軍の遠征です。

ここにイスラム教（イスラム諸国）とキリスト教（ヨーロッパ）の対立が鮮明になります。

十字軍はその後、七回にわたって遠征されることになります。

その間、ヨーロッパではキリスト教文化がつくられるようになります。「ロマネスク」時代と呼ばれる時代です。十一世紀のことです。

さらに「レコンキスタ」（十五世紀末イベリア半島でキリスト教勢力が、イスラム教勢力を排除）まで、争いが繰り返されました。

この間の二つの宗教間の争いほど苛烈だったものはありません。同じユダヤ教から生まれた一神教なのに、お互いの国家的対立を宗教的対立に転化したのです。この時、武器になったのは、各宗教の共同宗教的な部分でした。『旧約聖書』の「眼には眼を」という精神が、お互いの憎悪を高めたのです。興味深いことに二つの宗教を生み出したユダヤ教徒そのものは、キリスト教徒から疎外され、迫害を受けましたが、その争いから漁夫の利も得たのです。お互いの交易の仲介をしたのは彼らだったのです。

いずれにしても、この一神教間の対立ほど、戦いや争乱を生むものはありません。それは今日まで続いています。中東の争いに加え、ナチス・ドイツの勃興に伴って、三つ巴の戦いが起きるようになりました。一神教そのものが共同宗教として寛容な精神をもたない、欠陥のある宗教だったことを露呈しています

コラム③　聖徳太子と大仏殿

聖徳太子は五八七年、物部・蘇我の戦いの中で四天王寺を大阪に建てます。「金光最勝王経」という経典を元にした四天王信仰によるものです。

四天王とは仏教を守る守護神で、東西南北の位置をもっています。それぞれが中央の仏を守るという、ある意味で地理的で空間的な位置をもって仏教を守るという教えでもあるわけです。四天王寺も「日本の国を守る」という意味を込めて建立されたと思います。

物部氏に対して蘇我氏が勝利します。仏教側が勝ったわけです。仏教が勝利したことによって、仏教を日本に定着させた聖徳太子の影響が強くなっていきます。

当時、日本は中国から「倭国《わこく》」といわれていました。「倭」という言葉は「小人」という意味で、ある種の蔑視かもしれませんが、それを受け入れてきました。

「和をもって貴しとする」というときに、その「和」が同じ発音の「倭」と重なって、倭の国も貴しとするという意味もあったという説もあります。

聖徳太子の考え方は、法隆寺に残っています。

この法隆寺の代表作である百済観音は、クスノキでつくられていることから日本で制作されたものとわかっていますが、大変な長身の像です。この長身であるということは、それ自身、背の高い樹木を表していると理解できます。この像は一方で樹木信仰も表現しているわけです。木造建築の法隆寺そのものが、五重の塔という仏舎利が置かれている塔を、つまりこれまでの古墳の棺の部分、横から見ると古墳の円形の部分に当たります。これは祖先信仰が仏教の中に取り込まれていくという変化を見ることができます。お墓をお寺が引き受けるようになったということです。

金堂に置かれた、止利《とり》仏師による釈迦三尊は荘厳な姿をしています。この三尊像の後背の銘文により、法隆寺が飛鳥時代に建てられたことが明確になります。

聖徳太子の遺志を継がれた聖武天皇は、奈良時代に入ってから明らかに聖徳太子信仰を強く復活されました。

この時代に大仏殿が聖武天皇によってつくられたというのは非常に重要です。聖武天皇は出家された天皇です。「華厳経」あるいは「金光明経」を信仰されて、この東大寺を建立され、大仏殿をつくろうという意志を持たれたわけです。

どこに仏教の都をつくろうかということで、恭仁《くに》京、紫香楽《しがらき》京、難波京といろいろなところに候補地をお探しになり、最後に平城京に戻ります。そして平城京に巨大な世界最大の盧舎那《るしゃな》仏を建てられたのです。

この技術たるや、世界においても最先端でした。高さは十六メートル、これをブロンズでつくるという技術は至難の業です。十五世紀のイタリアルネッサンス時代で同じように十メートル近くのブロンズ像をつくろうとしたレオナルド・ダ・ヴィンチは見事に失敗しています。八世紀の段階でこういう巨大なブロンズ像をつくるのを成功させたことはもっと評価されていいことです。

というのも、まず原型の粘土像をつくり、厚さ四、五十センチの外型《そとご》をつくる、外型をはずした原型を八、九百度の熱で焼くのです。その原型の塑像《そぞう》の表面を、五、六センチ削る。そして中型《なかご》に外型をかぶせる。周囲に土手を築き、ブロンズをその五、六センチの間に流し込む——という一連の作業は並大抵のことではありません。それを二、三年の短期間で完成させてしまったのです。さらに表面に鍍金《ときん》をするために、探したところ、東北の陸奥国から黄金が発見されるのです。

注目したいのは、この大仏が大日如来だということです。同時にそれは日本の神道における天照大神に通じています。太陽神を表しますから密教の曼荼羅《まんだら》でも大日如来が中央に置かれています。このことは『大神宮禰宜延年日記』に書かれています。つまり大日如来であることは、天照大神の姿であるということを重ね合わせているわけです。

確かに『続日本紀』には、こう書かれています。

「高天原から降臨された天皇の御世を始めとして、中頃から現在に至るまで代々の天皇の御代御代天つ日嗣《ひつぎ》として、高御座に座して天下を治められ、人民を慈しまれてきた、豊前国宇佐郡においでになる広幡の八幡大社が仰せられるのは、『神であるわれは、天神地祇《ちぎ》を率い誘って、必ず造仏を成就させよう。それは格別なことではなく、銅《あかがね》の湯を水となし、わが身を草木土に交えて、支障が起ることなく、無事に完成させよう』と仰せられ」

つまり、日本の神々が、この造仏を導かれたと述べ、銅をつかい草木土（＝自然）を使って無事に完成させるのだ、と語っているのです。これほど、神道と仏教の関係を如実に示した文章はありません。神道＝自然道の共通意志で、鎮護国家の大仏をつくろうというのです。

《天下統治の業であると、神として思し召されると仰せられる大命を皆々承れと申し告げる。……天地の心を気づかわしく思い、重大に考え、もったいなくかしこまっておいでになったところ、統治しているこの国の東方にある陸奥国に金《こがね》が出ましたと奏上し献上してきました。……これを思ふと種々の法《のり》の中で、仏のお言葉が国家を護るためには、勝れているとお聞きになり、統治している天下の諸国に最勝王経《さいしょうおうきょう》を置かせ、盧舎那仏《るしゃなぶつ》をお造り申し上げようとして、天においでになる神と地においでになる神にお祈り申し上げ、……》（『続日本紀』天平勝宝元年四月の条）。

この大仏のために金《こがね》が発見されたことを祝うこのお言葉の中に、神道と仏教の関係を見事に理論化しているのがわかります。つまり、高天原伝来の皇統によって統治されてわが国が「仏の存在が国家にとって大きいと感じ、天や地においでになる神々の意に沿ったものである」という意味で、この大仏こそ神々の望んだものだ、ということです。そして大神宮《おおみやしま》（伊勢神宮）や宇佐神宮にこの大仏づくりを祈らせているのです。

この過程でいかに、金銅の土木技術が発達していたかを物語っています。自然を利用し、その性格をよく理解している証拠です。日本には実際的な自然科学が成立していたのです。大仏もまた、平城京の東に位置しています。東は太陽の上る方向です。

もう一度いえば、日本の文化を考える上では、神道が、つまり神道的な考えが常に仏教の基本になっているということが重要なのです。そういう考え方に立たないと大仏さえも理解できないということだろうと思います。

第四章　「共同宗教」と「個人宗教」

◉神道の役割と仏教の役割

こうした一神教どうしの戦いの歴史に対し、日本の「神道―仏教」の宗教は、その戦いをいかに回避するか、知恵を絞ったのです。

聖徳太子は十七条憲法の第一条で「和をもって貴《とうと》しとし、忤《さから》うことなきことを宗《むね》とせよ。人みな党《たむら》あり。また達《さと》れるもの少なし。ここをもって、あるいは君父に順《したが》わず。また隣里に違《たが》う。しかれども、上和《かみやわら》ぎ、下睦《しもむつ》びて、事を論《あげつら》うに諧《かな》うときは、事理《じり》おのずから通《つう》ず。何事か成らざらん」と記しています。この憲法ではのっけから、人の和を説いているのです。党派心を超えて話し合えと述べています。そして、第二条に「篤《あつ》く三宝を敬え」とあり、仏教が大事なことを説いています。仏教は、ユダヤ教、キリスト教、イスラム教と違って一神教ではありません。仏教をもって戦うなどということは考えられません。「はなはだ悪しきものは少なし」と述べ、本当に悪い敵は少ないと相手の立場を考えています。こうした仏教の選択は、日本人のみの共同体のための神道に、個人性を与えることになったのです。

「世間虚仮《せけんこけ》　唯仏是真《ゆいぶつぜしん》」

聖徳太子の言葉です。「この世は移ろいやすく、仏のいうことだけが本当なのだ」という意味です。つまりこの世での苦しみは、仏の言葉を信じればなくなるということです。

聖徳太子がこの言葉に込めた思いというのは、個人の苦しみは、個人が信じることによって救われる、という仏教の役割を明確にしたことになります。

神道は、家族や国家などの共同体を信仰の基本にしています。わかりやすくいえば、みんなで一緒に信仰するものといえます。共同体を愛する気持ちを育てます。ゆえに国家神道などといわれてきたわけで、人々がまとまって生きることが基本です。

仏教も『法華経』や『金光明経』など国家を守るお経が重視されましたが、それだけではありません。生老病死という言葉に代表されるように、個人の苦しみからの解放を願ったものです。

一人ひとりが自分で悟りを開いていく、それが仏教である、と聖徳太子はとらえていました。それが冒頭の言葉によく表れています。

「共同宗教」としての神道。「個人宗教」としての仏教。この二つを同時に受け入れたことが、日本における宗教を考える上で欠かせない部分です。そしてそれが日本人の精神性を豊かにしてくれました。

たとえば仏教寺院が建てられるようになると、神道による巨大古墳が消えていきました。お寺が個人の死後の埋葬を、古墳（墓）の代わりに果たすようになったからです。人は死んで神になると同時に、「ほとけになる」ことになったのです。

神道と仏教を同時に受け入れたことは、争いを避ける日本人の思想を明確にしました。まさに日本人の知恵です。

神宮寺とは、仏教に帰依して仏になろうとする神々の願いをかなえる場でした。文献に出てくる神宮寺の最初は、奈良時代の気比《けひ》神宮寺といわれています。

神宮寺においては神前読経が行われ、神に仏法を教え聞かせました。この神宮寺こそは世界宗教史上に特筆すべきものです。インドにおいては、大局的には仏教はヒンドゥー教に丸ごと取り込まれる道をたどりました。中国仏教は老荘思想と統合することはあるけれども、仏教寺院内に道教の寺院が建てられた例はありません。ヨーロッパでは、キリスト教の教会と接してケルトの聖地が併存することなど考えられません。

日本は違います。神宮寺の出現は、個人救済の仏教と共同信仰の神道が、それぞれ独自の信仰と教理の体系を維持したままで、開かれた形で結ばれたのです。

このことは、奈良時代の仏教寺院設立にも深く関係しています。例えば、天平時代の聖武天皇は、東大寺の大仏造営を発願しましたが、その完成を祈って、天平十四（七四二）年に伊勢に行幸し、橘諸兄《たちばなのもろえ》を伊勢神宮に参向させています。仏教の大仏の造営に伊勢神宮の加護を祈っているのです。また、後で宇佐神宮に対しても加護を仰いでいます。それは、大仏すなわち盧舎那仏が大日如来であり、日輪である天照大神であると考えられたからです。ここに明らかに神仏習合の考えがあります。

その後、「本地垂迹説《ほんじすいじゃく》」が出来上がりましたが、神仏習合に関わる諸問題は、神宮寺に見られた神仏の関係を基礎として発展的に生まれたのです。

たとえば天照大神の本地は「大日如来」、石清水八幡の本地は「阿弥陀三尊」という具合です。どうしてこのような考えを受け入れることができたのでしょうか。すでに述べたように、神道と仏教の役割が違っていたからです。同じ性格であれば、ぶつかり合ってしまいます。神道の神々は日本人のための共同体の神々であり、同時に自然界の神々を体現しています。仏教のさまざまな仏たちは個人を救いに来た宗教的な神々です。

◉最澄と空海が伝えたかったもの

仏教を語る上で外すことができない日本人がいます。最澄（伝教大師）と空海（弘法大師）です。

この二人の僧侶は、聖徳太子がいうように、国家や政治と結び付き、道徳的側面が強かったそれまでの仏教の役割を変えたのです。つまり、個人宗教の面をより強調したといっていいでしょう。

二人についてすこし説明をしましょう。最澄は、七六七年に近江国（滋賀県）に生まれました。幼名は三津首広野《みつのおびとひろの》。七七八年、出家して近江国の国分寺に入るとき、師の最寂の一字をもらい、最澄と名のるようになります。

七八五年、正式な僧になるために東大寺で戒を受け、比叡山《ひえいざん》にこもり修行を積みます。八〇四年、遣唐使の一人として唐に渡りました。翌年、多くの経典を日本に持ち帰り、比叡山延暦寺《えんりゃくじ》で法華経を中心とした天台宗を開きます。最澄が都ではなく、後に霊山といわれる比叡山に寺をつくったことは、仏教ではありながら、山が信仰の対象になる神道の影響を受けていることが読み取れます。

「草木国土悉皆成仏《そうもくこくどしっかいじょうぶつ》」（『天台本覚第一』「自然神信」）という言葉は、草も木も、この国土も、悉《ことごと》く皆成仏すると説くとき「仏に成る」ことは、まさに自然もまた神になるということです。「仏」と「神」は同じものだったのです。

最澄が仏教をどのように変えたのか。正確には聖徳太子の思想を形にしたといえます。聖徳太子は在家の仏教を重視するという考え方でしたが、奈良時代の仏教は出家者中心で、出家者個人を救済することが主になっていました。

最澄は『顕戒論《けんかいろん》』を著し、大乗戒を説きました。大乗戒とは、出家者だけでなく、すべての人々を救済するのが仏教であるということを訴えたわけです。

最澄の意思は、同じく唐から帰国した円仁（慈覚大師《じかくだいし》）が比叡山の座主《ざす》になることで引き継がれます。円仁は、東北や関東の多くの寺の開祖となり、そのいずれもが、山岳信仰と結び付いていています。

空海を見てみましょう。空海は七七四年に四国の讃岐《さぬき》で生まれました。最澄が遣唐使で唐へ渡ったとき、空海もその一行に加わっていました。彼は唐で密教の一つである真言宗を学びます。

真言とは、大日如来の真実の言葉という意味です。如来の真言は深く、また秘密にされていたことから密教といわれています。密教は七世紀後半にインドで成立し、八世紀に中国に伝わりました。

空海は「五大にみな響きあり、十界は言語をそなえている。六塵はことごとく文字である。法身こそが真実のすがたである」（『声字実相義』）といっています。全宇宙を構成している地・水・火・風・空という五つの物質的要素は、生命的な「ひびき」がある、といっているのです。大自然の言語だというのです。

「人間界」「天上界」そして「地獄界」などの「十界」は、言語の世界で「迷妄な世界」なのだと喝破《かっぱ》し、六塵《ろくじん》（色・声・香・味・触・法）は、感覚や知覚の対象で、それも「迷妄」である、仏界（法身）のみが、真実（宇宙全存在＝大自然）のすがたである、と述べるとき、それはまさに「自然道」の思想であり「神道」の要諦といっていいでしょう。

空海は唐で密教の奥義を学び帰国、高野山に金剛峯寺《こんごうぶじ》を建て、真言宗を開きます。高野山は比叡山よりはるかに都から離れた地であり、神道的伝統の影響をさらに受けたといえます。山を自然の曼荼羅《まんだら》と見る思想はそのことです。自然を宇宙にたとえ、その宇宙（法身）に帰依することにほかなりません。

空海のいう「即身成仏」とは、人間の身は大自然の一部であり、その大自然が仏そのものだということではないでしょうか。

天台宗、真言宗の両宗は、奈良時代の南都諸宗とは違って山岳に伽藍《がらん》をつくり、修行の場をつくりました。それまでの都市で展開していた仏教とは明らかに違います。山岳信仰と結び付いた修験道の基礎を創造したといってもいいでしょう。最澄と空海という二人は、聖徳太子の思いを継承し、さらに仏教を神道へと近付けた人物だったのです。

空海によって日本に紹介された密教ですが、九世紀の日本文化に大きな影響を与えます。特に美術にそれは顕著で、神護寺の薬師如来や東寺の不動明王像がその代表例です。厳しい目つき、口を曲げた表情には、神道の山岳宗教の影響も色濃く反映されています。

密教がなぜ美術に影響を与えたかといえば、そこには空海の次のような思想がありました。

「美術でなければ密教の教えの意味は伝えられない」

難解な密教を伝えるために、空海は美術という手段を選んだのです。教王護国寺（東寺）に見られる多くの彫刻、さらに曼荼羅図に見られる絵画などをはじめ、立体曼荼羅といえる曼荼羅図の彫刻まで空海は制作を導いたのです。

◉修験道が意味する山岳信仰

修験道は、日本古来の山岳信仰に仏教、特に密教の影響を受けて、平安末期頃に実践的な宗教体系が成立していったものです。山岳修行による超自然的霊力の獲得と、呪術《じゅじゅつ》宗教的活動を行う山伏《やまぶし》に対する信仰が中心でした。しかしもともと山そのものが神であると考えるのが神道であり、各地の霊山には土着の山岳修行者がいました。奈良時代になって、そこに仏教系の修行者が加わったのです。私度僧《しどそう》や聖《ひじり》といった人々が主で、正式な僧侶ではありませんでしたが、彼らが山岳で修行して呪力を身に付け、陀羅尼《だらに》や経文を唱えて、民間で呪術や祈禱《きとう》を行ったのです。

やがて修験道は天台系の「本山派」と真言系の「当山派」に編成されます。本山派は京都の聖護院《しょうごいん》を本山とし、熊野一帯を修験霊場とします。当山派は京都の醍醐寺《だいごじ》三宝院を本寺とし、吉野の金峰山《きんぼうざん》、大峰山《おおみねやま》を修行道場とします。その他、出羽三山、九州の英彦山《ひこさん》、四国の石鎚山《いしづちやま》など地方でも独自の山岳霊場がつくられ、修験集団が形成されました。

その中でも熊野三山は尊敬されていました。

熊野三山とは、熊野本宮大社、熊野速玉大社、熊野那智大社の三つの神社の総称です。日本全国に約三〇〇〇社ある熊野神社の総本社で、二〇〇四年七月に、ユネスコの世界遺産に登録されたことによって、現在、一層注目されています。

仏教が入ることによって神仏習合の山となりました。「本地垂迹説」という考え方があります。「本地」、すなわち本体が仏であり、人間を救うためにこの世に現れた仏が神道の世界に合体したものです。神道の神々に仏の現れを見るのが「本地垂迹」です。仏教は言葉を先行させますから、教義のない神道を取り込んだ形になりましたが、基本は逆です。

◉仏教と神道の共存

個人宗教という役割を担うことになった仏教は、私の目から見ると、日本では神道と共存して初めて日本に根付いたのです。

仏教がある意味、世界で純粋な形で残っているのは日本であるということができます。神道が基盤にあるからです。

那智の大滝（和歌山県那智勝浦町）　飛瀧《ひろう》神社（熊野那智大社の別宮）の御神体でもある。

仏教発生の地であるインドはヒンドゥー教の国となりました。それを移入した中国では最初は儒教・道教に否定され、現代では共産党が政権を握って社会主義国家になると、宗教そのものが否定されてしまったのです。当然仏教も例外ではありません。寺院は観光地となって細々と保っているだけです。韓国においても、もともと儒教の国ですがキリスト教の信者が四〇％を占めるなど、宗教の多様化が進んでいます。

日本もまたさまざまな仏教宗派が多数共存していますが、基本的には神仏融合の信仰を保っています。

日本の歴史の中で、重要な仏教の変遷をさらに見ていきましょう。

十世紀になると、浄土教が盛んになってきます。仏教に従事してきた僧侶たちが自ら興した革新的な出来事が浄土教の誕生といえます。

それまでの仏教は、一般の人々にはやはり理解が難しいものでした。それをもっと身近なものとしたのが浄土教です。それは阿弥陀仏を信仰し、念仏を唱えて、来世では極楽浄土に往生することを願う教えです。この教え自体は古いものですが、天台宗の僧侶だった空也上人《くうやしょうにん》が「南無阿弥陀仏」の念仏を広めたことによって庶民から支持を受けたのです。

空也上人は、六波羅蜜寺を中心に、京都中を念仏を唱えて歩き市聖《いちのひじり》、阿弥陀聖と呼ばれました。その姿は、康勝の傑作として同寺に残されています。おそらく世界で最も美しい求道者の姿でしょう。
さらに源信（恵心僧都《えしんそうず》）は比叡山で『往生要集』を著します。地獄と極楽の世界を描いた本書は浄土への憧れを人々に伝えたと同時に、とくに貴族に浄土教を広めました。九八五年ごろのことです。

平安時代の浄土信仰は、末法思想がその背景にあります。末法思想とは釈迦の死後五百年（または千年）が「正法《しょうぼう》」の時代、次が仏滅後五百年間または千年間の「像法《ぞうぼう》」の時代、そして最後にやってくるのが釈迦の死後千年または二千年の「末法《まっぽう》」の時代です。末法とはこの世の終わりという意味で、人も世も最悪となり正法がまったく行われない時代を指します。

そしてその始まりが、一〇五二年とされています。末法の到来は人々に恐れられていました。貴族は陰陽道といった占い信仰の流行と重なりますし、一般の人々の間でも、病気や怨霊《おんりょう》などの禍《わざわい》を取り除くために、神道の北野神社や祇園社などの御霊会《ごりょうえ》に加わる人が増加します。末法の時代を迎えることで、世を憂い、何かにすがりたい気持ちに満ちあふれていたわけです。

実際、社会不安の時代でした。平安時代は人口が増加しますが食料の供給は増えません。このため朝廷は、地方政治のやり方を変更し、地方に自治権を与えました。結果、武士の力が台頭する原因をつくっていくことになります。

空也上人や源信の浄土教の教えを、さらに徹底させたのが法然《ほうねん》です。「南無阿弥陀仏」と念仏を唱えれば、誰にでも極楽往生が約束される――「専修念仏」を提唱しました。浄土宗です。

法然の弟子にあたるのが親鸞《しんらん》でした。親鸞の教え「悪人正機《しょうき》」は、罪深い悪人こそ、阿弥陀仏が救おうとしていると説き、浄土真宗として広まっていきます。

この二人の思想の根底を考えると、人間そのものの善性です。というのも法然は、極楽往生のために念仏するのではなく、念仏を唱えることに重きをおきました。親鸞も阿弥陀如来の御名を唱えることで徹底した他力で救われることを説きました。共に人間の本来が、よきものという考えがあるのです。つまり、人間の本性は自然であると考えていることになります。自然は人間をはじめから、罪深いものとしてつくってはいませんから。

◉道元の説いた「神道」

鎌倉時代には禅宗も移入され、人々の心をとらえたことは周知のことです。とくに鎌倉後期から室町時代にかけて、禅宗は日本仏教史上でも大きな役割を演じたといってよいでしょう。

その代表的な一人、道元（一二〇〇～一二五三年）についても、神道＝自然道との関連でとらえておきましょう。

道元は「一切衆生」という言葉を述べています。この意味はこの世に生きているすべて、ということですが、これも自然に存在する「一切」が「仏性」をもっている、ということです。「山河大地、日月星辰《せいしん》、これ心なり」(「身心学道」)にも通じる言葉です。大自然を動かすエネルギーがそのまま「心」(生命)だ、というのです。

彼の代表作『正法眼蔵』には、「山水経」の中で、山水を「古仏の道、現成なり」と記し、山水が、古仏の説くところを実現したもの、と語っています。「山が身心となり」とか、山を愛すれば聖賢、高徳となる、ともいっているのです。有名な言葉である、座禅による「身心脱落」とは、まさに身体が自然と一体となり、山に帰一することだ、ということなのです。

道元は、中国から帰国すると、京で道場を開き、その僧堂の名を「雲堂」と名づけ、雲水の生活に入ります。家を捨て、雲をたのみ、水をたのむ修行の生活を行ったのです。生活規則を定め、ひたすら座禅を組む「只管打座《しかんたざ》」の毎日を過ごしたのです。

道元が最終的に建てた越前の永平寺は、まさに山の中の自然とともに修行をする場所でした。それ自体、自然の中に一体化する「神道=自然道」の生き方といってよいでしょう。

室町時代の禅も基本的に同じ精神をもっています。禅僧の雪舟はほとんど自然しか描いていません。この時代に発達する庭園も、自然を象徴化し、情景に山を取り入れています。その最たる自然景は、長谷川等伯の「松林図」です。そこには、濃霧につつまれた松林と、山が描かれているだけです。その光景は、人間が自然と帰一した姿にほかなりません。

◉神と仏の共生

このように、本地垂迹説に基づく神仏習合にしろ、修験道にしろ、ともに神道と仏教が混ざり合い、神と仏が共生するという宗教活動を日本人は行ってきました。それは日本の宗教が「自然」というものを重視してきたがゆえに、統一することができたのです。

日本では、神とは自然そのものであり、そこに存在する力、エネルギーの現れです。それに対して、仏は悟りを開き、智慧《ちえ》を身に付けて成る者、すなわち成仏する者です。

神は祭りの場に立ち現れるがゆえに、神の数詞《すうし》は一柱、二柱と数えるのに対して、仏は悟りを開くために座禅瞑想して静かに座る者で、その座法を蓮華座などと呼びます。

たとえば、諏訪《すわ》の御柱祭《みはしらさい》や伊勢神宮の心の御柱や出雲大社の忌柱《いみはしら》に対して、奈良や鎌倉の大仏の座像などは、立ち現れる神々の凄《すさ》まじい動のエネルギーと、涅槃寂静《ねはんじゃくじょう》に静かに座す仏の不動の精神との対照性を見事に示しています。

コラム④　古墳と墓

本来お墓というのは壺形のお棺に死者を弔《とむら》っていたわけですが、首長信仰が生まれて、墳墓がつくられはじめました。

死者を祀るという信仰は、御霊《みたま》信仰が長くあったからです。しかし、さらに共同体の首長の死を祀る時代となって日本人の共同体観は増していきました。巨大な前方後円墳がつくられ、大王《おおきみ》に対する信仰が高まったときでした。『記紀』に書かれた神武天皇系の天皇の墓がつくられていったのです。そして七世紀頃、仏教が入ってきてから、天皇陵の姿が変わってきました。小規模になってきたのです。それが古墳として残っています。

仏教が来たときに仏舎利《ぶっしゃり》の存在も同時に人々に印象づけられます。仏舎利は釈迦の骨ですが、仏舎利が来たときにそれが五重塔に置かれます。法隆寺が典型的ですが、法隆寺の仏舎利はいわゆる基礎に置かれました。ここから火葬もはじまりました。仏舎利が来たために、お墓は墳墓がお寺の墓地に置かれるようになりました。それは同時に、人々の御霊の代わりになったといってもよいでしょう。人々の墓が置かれるようになりました。

法隆寺は仏塔、五重塔が古墳の前円でそこに棺にあたる仏舎利が置かれています。そして神殿があります。いわゆる方形です。つまり祈るところと、そしてそこに霊が祀られるところ、ちょうど前方後円墳の置かれ方と対応しています。一つの形の偶然かもしれません。

それ以後なぜいわゆる古墳が消えるか、少なくとも衰退していくかというと、お寺がそれを代行するということになるわけです。お寺にお墓が置かれるようになる。ただ一方で山に棺が埋葬されるということは続くけれども、一方で火葬してお寺に置かれるということが習慣化していくのです。

それが持統天皇、つまり七世紀の終わりからはじまるわけです。お寺に人々の火葬したものをお墓として置くという習慣が出来るわけです。

仏教には、戒名というものがあります。これは仏の弟子となった証のことです。仏の弟子となるのも大変なことで、さまざまな煩悩を消し去る修行をつまなくてはなりません。しかし日本では、葬儀の前に故人に戒めを授け、死ねば仏の弟子となってしまうのです。戒名には信士、信女や居士、大姉などと男女平等に付けられるのです。つまり、人はただ死ぬだけで仏の弟子となり、煩悩を断ち切ったことになる。また、神道の方も同じで、死者には霊号が付けられます。故人の遺徳が讃えられて諡号《しごう》というものが付けられます。典型的なのは死者に「命《みこと》」という名が付けられ、神になってしまったことです。これはふつう日本の宗教の形式化に理由が求められますが、私はそうは思いません。これは明らかに「神道」がもともと修行などなくても、人間が生きるだけで十分であるという「自然」の思想に基づくものだからです。生まれ育ち、病に伏し、死ぬという自然の経緯そのものを神格化しているのです。それが「神道＝自然道」です。

いわゆる御霊信仰という、あるいは死んだら神になるということの延長として、死んだら仏になるということです。「仏になる」という言葉は「死ぬ」ということです。「お陀仏」も死ぬということ、死体ということです。そういうふうになるのも自然なことだと思います。

ただ、実際に墓がどんどんつくられるのは後の時代です。神道が仏教を受け入れるという形で、聖徳太子が天皇家としてそれを受け入れるということで進んでいったのです。

改めてここで、日本で「神仏習合」がなぜ進んだのかを考えてみましょう。それは「自然道」という意識が仏を新しい神々や精霊の一種として受け入れる素地となったからです。その自然観や精霊観を「アニミズム」と呼ぼうが、「自然道」と呼ぼうが、その根幹にはあらゆるものに霊が宿るという「八百万」の思想があります。肯定の思想の極致といえるでしょう。

神と仏は原理的に異なるものであったとしても、日本人の心の中ではずっと平和に共生してきました。土地・自然の神と、人間（自然の一部）の神であったのです。

神仏は分離されるものではなく、表裏一体をなし、密接不離の関係にあるということです。ときには本地垂迹し、互いに変換しあい、変容しあう間柄だったのです。

一八六八（明治元）年に「神仏分離令」が出されたことは不幸な出来事でした。それまで蜜月関係を続けていた日本の神仏は、ここで制度的にはっきりと分離されることになりました。

その後、一部地方で激しい「廃仏毀釈」の運動が起こり、寺に火がつけられたり仏像が破壊されたりするという事態を招いたのです。

修験道もまた、明治政府の修験道禁止令によって廃止されてしまいます。本山派、当山派の修験者は、強制的にそれぞれ天台宗、真言宗に所属させられました。もちろん、中には神職に転じて神道に戻った山伏もいましたし、宗教から離れて帰農した者もいました。

しかし、その精神は継続されました。神道と仏教は、たとえ建物が別れても、また、神主と僧侶が別々となっても、そのそれぞれに対する気持ちは大きく変わらなかったのです。お寺の除夜の鐘を聞き、神社への初詣も相変わらず行ってきたのです。

第五章　神道は「自然道」

◉災害さえも受け入れる神道

ここで改めて、日本人と自然の関係を述べてみましょう。

私たち日本人の中には、自然信仰というか自然に対しての畏敬の念があります。地震、雷、台風などの自然災害という過酷《かこく》な状況さえ受け入れるのが日本人です。神道＝自然道が日本人の生き方や道徳をまとめているといってもいいでしょう。

自然の豊かさ、温和さについて感謝しながら、災害さえも同様に受け入れるというのが神道の考え方といってよいでしょう。

ここが西洋人と大きく違うところです。西洋では自然というものは過酷だと考えています。とくに北ヨーロッパは寒冷で、常に家に閉じこもり、部屋の中で過ごすことを余儀なくされています。私はヨーロッパの南北での生活を経験していますが、日本で暮らしていたときのように、自然と共にあるという感覚はなく、自然は人間とは別の存在であるという意識でいました。

日本はまったく違います。都会生活ではそのことをあまり意識してはいませんが、人は元来、自然の中に生きている実感をもっています。台風だけでなく、落雷、地震、そして雨そのものからも感じることができます。そして「人」があり、その下に自然があるわけではなく、

「人」も「森」も「山」もすべて同一の存在と受け取っているのです。

日本で政治的な規範が生まれたのは、六〇四年に制定された「十七条憲法」です。天皇の政治に自然の運行の言葉を使っています。「君主は天のようなものであり、国民たちは地のようなものだ、と。天を覆い、地は載せる。そのように分の守りがあるから、春・夏・秋・冬の四季が順調に移り行き、万物がそれぞれに発展するのである」と述べているのです。君主の存在は、自然の運行からの当然の制度なのです。自然の一部であった「人」には、自然のルールがあればよかったのです。

それは西洋では十八世紀になってジャン・ジャック・ルソー（一七一二〜一七七八年）が述べた「自然状態」の人間の心と似ています。ルソーは『人間不平等起源論』で、人間は共同体の成立から、不平等が生まれることを説きましたが、しかし、原初の自然の状態は「相互配慮状態」の平等のものであるといっています。

日本人は信仰を言葉として受け取ることをしてきませんでした。他の宗教のように神道には経典と呼ぶものはありません。神道は今日でも、言葉でその教えが書かれたものはないということです。つまり自然状態に依拠しているからです。

なぜ正月に初詣をするのか。コーランのようにそこに戒律として書かれているものなどありません。新年になるとおごそかな時の新しさを感じ、初詣という神道の儀式をしているだけです。日本人の心にしみ込んだもの――自然な行動というしかありません。新しい年、という自然の時間的推移に日本人は心を開いているのです。

「自然」という言葉は、「ネイチャー」の訳語です。じつは明治以降に使われるようになった言葉です。自然の中で生きてきた日本人にとって、自然という概念を表現する言葉は必要なかったということです。

「自《おのずか》ら然《しか》り」とはどういう意味でしょうか。この言葉を選んだ日本人は、すでに述べたように自然とは「最初にある」ものと考えていたのです。人間が存在する以前、神々が存在する以前から存在する天地こそが自然なのです。それが神道の一番の原理だと述べました。神々はその後、そこから生まれたのです。

西洋は、最初に神（God）が存在したといいます。しかし、常に神が存在しているなら、なぜ不幸な災害、不幸な戦争が起こるのだろうと考えます。実をいえば彼らも、神がいないということを知っているのです。ただ、いないと断言することには耐えきれない。つまり彼らは自然状態に耐えられないから言葉で神をつくってしまったのです。苦闘するユダヤの民から生まれた『旧約聖書』がそうですし、ギリシャ神話の宇宙論の原点とされる、詩人ヘシオドスの叙事詩『神統記』も似たようなものです。

また島国の日本列島とは違い、陸続きのヨーロッパでは常に他民族との抗争が起こる状況の中で生活しています。ですから自分たちを守る神を必要としたのです。

まず最初に神が存在する西洋と、日本の神道はまったく異質だということです。

◉純粋な多神教といえる神道

宗教というものは、文明や文化に色濃く反映します。つまり日本の文化は、神道の自然信仰がその基盤であり、さらに死者の霊を神様として崇める「御霊信仰《ごりょうしんこう》」と、民族の統治者を敬う「皇祖霊信仰」に大別できます。

文化人類学者のレヴィ・ストロース（一九〇八～二〇〇九年）が、「日本の神話と歴史には連続性がある」と指摘しているように、『古事記』や『日本書紀』の記述も神話の記述もそのまま日本の歴史となっているということです。

ただ、この二書は、自然と神々のことを説いても、その戒律のことは書いていません。戒律など必要がないかのごとくです。

たしかに神道は言葉をもたないゆえにその思想が普遍化されていないという現実がありま す。しかし言葉の代わりにあるのが儀式です。祭りです。今でも伊勢神宮では年間五百を超える祭りが行われています。そして『古事記』に書かれた通りに、毎朝、天照大神に食事が捧げられています。一日も欠かすことなく続けられている神事です。

私たち日本人は、祭りの中で現される神道の考え方を、世界に向かって言葉で説明していくと興味深いと思います。

「心だにまことの道にかなひなば、祈らずとても神や守らむ」という菅原道真の歌がありますが、それが中国の古典から取られた言葉だとしても、この日本人が語るとき、このまことの道とは自然のことではないでしょうか。

日本では道徳を、言葉で説くのではなく、自然に従っていけば自ずから人間は正しく生きられるととらえます。また久米邦武のいう「神道は祭天の古俗」という言葉の中で、人々が祭りや儀式で習慣的にやってきたことはそれ自体が自然の理に合っていると説けるわけです。

自然にやっていることが理に合っている。つまり神道、あるいは自然道というものがあるために、別に宗教的な教理をつくり出した聖人への信仰、釈迦やキリストのような存在への信仰も必要ないわけです。自然が宗祖であり、伝道者であるからです。

聖徳太子は人間はみな「凡夫《ぼんぷ》」であるといいました。自身もそうであると考えていたに違いありません。日本人は実をいうと、人を見て完全性を求めません。釈迦やキリストのような完全な人間を想定できないのです。もとは人格神の神がいないわけですから、当然それを代弁する人を崇める必要もありません。

私はその自然から生まれた神々が最後に「天《あま》つ国」を「天照大神」にゆだねるということも自然だと思います。天照大神は太陽神ですから。その子孫の天孫降臨によって、天皇が日本の国を統治するという自然の流れがあるのです。先程ふれた十七条憲法の第三条がそれです。統治者という意味合いで、天皇が肯定されるということ自体が、自然道の自然の生業《なりわい》を示しています。そして天皇の存在とは、一つの血統による権威をつくることが社会にとっても、「和」をつくる上でも重要だという知恵を、神道＝自然道が示しているわけです。

『古事記』『日本書紀』は、神話を語っているだけで、神道という宗教としての特別な経典でも歴史書でもない理由はそれなのです。

あたかも「神道というのは宗教ではない」といっているように聞こえるかもしれませんが、言葉なき宗教であるということです。

このことが現代の日本の宗教を復活する重要な鍵となると思います。口では論理化できないけれども、「お天道さま」が自然道のことであり、天照大神もそれに従って生まれ、天皇に受け継がれているということです。

具体的にいえば、天皇家の由来は神話からはじまり、実在した天皇へとつながり、今も続いています。このような神話と歴史に連続性をもつ国は世界にはありません。

◉神道を語らない天皇論

そういう自然道の意味で神道を語らず、まず天皇を立てるために『古事記』『日本書紀』を考えたため、天皇を中心とした宗教であるというイメージを神道はもたれてしまいました。

しかし、神道も皇道もみな同じ自然道のことです。

本居宣長《もとおりのりなが》もそれを感じていました。ですが彼はそれをただ「道」と呼びました。「古《いにしえ》の代には、道というものについての言挙げなどまるでなかった」（『直毘霊《なおびのみたま》』）といっています。「自然道」というところからとらえないで、『古事記』に書かれた神々からきた「道」を考えたのです。自然に天皇が出てきたということを感じているのです。

「天地の道理は、すべて神のしわざであって」というとき、それは天皇の自然からの発生を述べているのです。

今、そのことをしっかりととらえ直す必要があると思います。そうしないと、天皇のことだけが強調されて、一神からきた国家神道として批判を受けることになるからです。

しかし、「道」がその前にあります。自然道から生まれた神々が、高天原を統《す》べる天照大神を選び、その子孫に権威を与えたのです。国家をつくる上で、自ずと統治者が必要だというところから出てくるわけです。むろんそれは権威であって権力を意味しません。天照大神はニニギノミコトを天下りさせるのと同時に、天児屋命《あめのこやねのみこと》や天鈿女命《あめのうずめのみこと》など五柱をそのお伴につけさせたのです。とくに天児屋命は政治を行わせるためにつけたのです。天児屋命は中臣《なかとみ》氏の祖神で、後に藤原氏となります。藤原氏が権威を権力に代えて政治を執り行うようになったのです。

そのことは、西洋の政治の仕組みを見ても理解できます。まず教皇が権威として存在し、皇帝が権力者として君臨しました。それは後に権力が、皇帝から国王や首相に代わっただけで成り立ちは同じ形です。今は教皇はカトリックの教会の祭祀王の存在ですが、やはりキリスト教全体の権威の象徴となっています。

共同体にとって、そういう権威は必要です。日本人はそれを血筋で考えました。天皇家として尊《たっと》びました。そうしないと必ず争いが起きるからです。「お天道さま」がつくられたことだという信仰をそこに与えたのです。それを当然のこととして日本人は考えてきたのです。

おそらく世界各国の人々の原初の心ももともとそうであったでしょう。天地信仰に基づく権威は一番高い位置に置いたはずです。

神社が日本中に残っています。それは日本人が神社を必要としているからにほかなりません。神社は天皇を祀っているわけではありませんが、天皇の存在と連続した形で建てられているのです。天皇もまた自然の中に存在しているということを神社が示しているのです。

◉風土の違いが宗教を変えた

日本の神話を読んでみると、天照大神もスサノオノミコトもみな人間的な行為をしているわけです。労働さえしています。稲田を耕したり、絹をつくるための養蚕をしたり、そういうことを神々がやっているというのは、人間からの連続として行っていることで、神が特別なことをしているわけではないのです。自然は人間の労働を要求しているからです。

祖先の神々がまたいろいろなことをされています。いろいろな意味で奇跡的なことを行っているように神話に書かれています。それに納得させられるのは、それが原始的な問題とうまく重なり合うからです。

すでに述べたように、文化人類学者のレヴィ・ストロースは、「日本の魅力の一つには、神話と歴史相互のあいだに親密なつながりがあることです」(『月の裏側』)といっています。彼は必ずしも天皇のことを述べているわけではないのですが、その神話と歴史の連続性に天皇の存在を意識していることは明らかです。それを現在も守っていることに感動しないはずはありません。ユダヤ人学者のレヴィ・ストロースがそうであることほど、興味深いことはありません。

繰り返し述べれば、『古事記』には、混沌の中に大地が自然に出現し、その泥の中に葦が芽吹くように生命がなりいでたと書いてあります。ところが、『旧約聖書』の「創世記」を見ると「神」がすべての生物を、その意志によって出現させたと書いてあるわけです。これは、神も人も意志的に、命令的に、あるいは戦闘的に生きなければ生存できないという状況が前提としてあるわけです。ユダヤ教は荒野の中で生まれたということです。

よくいわれるように、ユダヤ民族が、自然というものを敵対的にとらえながら移動していくということを体現しているため、砂漠の宗教の典型をつくり出したということです。

◉モンスーンと砂漠と牧場

日本は特定の季節風が吹くモンスーン地帯といわれます。中東は砂漠地帯です。ヨーロッパは牧草地帯です。

この三つの風土とそれぞれの宗教などの文化について論じているのが和辻哲郎《わつじてつろう》（一八八九〜一九六〇年）です。

ただ日本もインドもともにモンスーンということで一括されていますが、インドと日本は必ずしも一つの地域として語ることはできないと私は思います。

インドというのは同じモンスーンがある（季節風が吹く）とはいえ、熱帯地方ですし、かなり過酷です。夏は非常に暑いし、それが常態です。インド人が日本人と同じ思考形態をとっているとは思えないのです。

日本は北緯三十五度の線を中心として、アジア大陸の東端に南北約三千キロにわたって広がっている列島です。インドは北緯三十度から北緯十度まで、インド大陸といわれるところで、その気温や日照や風といっても非常に大きな違いがあります。したがって文化も当然、違います。

これは同じようにヨーロッパでも北部のドイツと、ヨーロッパの南部のギリシャ、イタリアを比べてみれば、同じ牧場といっても、かなり大きな相違があります。和辻の論理に無理があると指摘されるところでもあります。

しかし、風土が人間の思考に大きな影響を与えるというのは事実です。

日本は、林、森林などに樹木が繁茂しています。そこに水が多く、雨が多いということを含めて、植物、動物の生きる条件が非常に豊かであるという事実があります。そして四季があるということも重要です。寒いときもある、暑いときもあることは、人々に対応性を求めるのです。

ある意味で理想的な条件に囲まれているというところが、日本人の自然信仰を生み、自然宗教を生み出す要因でもあるのです。

おそらく世界でも、日本に似た風土をもっている国があっても、日本ほど自然と人間が調和している国、それが古代からいまだに続いている国はないと思います。今日では、温暖化現象などといって、環境の変化を誇張して危機をあおる運動がありますが、自然は自然で動いていくだけです。

われわれはそういう古来の自然風土の条件があるのに、そこから生み出された宗教を普遍的なものだとは考えません。

今は自然から生まれたさまざまな物質を、世界中の人々が利用しています。木材や石油などの天然資源ももともと自然が生み出したものです。

自然条件は違っていても、まさに自然から生まれたものを享受することに関しては、今は世界化している、一般化しているのです。自分の国が自然を受け入れられないといっても、砂漠であるといっても、自然の恵みというのはどの国にもあります。もちろん貧困の国というのはありますから、自然を素直に受け入れるわけにはいかない国もあるでしょう。受け入れるには経済的条件も必要です。ただ、そうした苛酷な自然条件であっても、それを克服する可能性はあります。水という自然、土という自然を生き返らせ、その恩恵を得ることによって回復させていこうとすることです。いずれも自然の力を必要とするのです。

日本はある意味で一番好条件にあるといえますが、世界中の人々が、基本的には自然を利用しているということは共通しているわけです。それは地球に生きている限りは共通しています。

それならば、自然というものが人格神をつくらなくても、あるいはそういうものを想定しなくても、自然を信じることができるはずです。宇宙を見ればすぐにわかります。宇宙はひとりで活動しているのです。太陽を見ればすぐに理解できるし、毎日の生活を見ればすぐにわかることです。自然が人間に恵みを与え支配もしているということが認識できます。自然というものを、人間が支配すべき対象ではなくて、尊敬すべき対象だと格上げすることができるのではないでしょうか。アインシュタインのいった「宗教性」のことです。

西洋人、あるいはキリスト教徒、ユダヤ教徒、イスラム教徒が、自然を「神がつくった」と思うこと自体、無理があるのです。つまりそれは、「虚構」であるということをはっきり主張しなければなりません。それがいえるのは日本人だけかもしれません。ドーキンスが「神は妄想である」といわなくとも、ニーチェが「神は死んだ」といわなくとも、もともと「神」などいなかったことを。

コラム⑤　短歌や俳句はなぜ短いのか

『古事記』にスサノオノミコトの歌が出てきます。

《八雲《やぐも》立つ出雲八重垣、妻ごみに八重垣つくるその八重垣を》（美しい雲のもとの雲の屋敷よ、妻のためにつくった屋敷よ、すばらしい私の屋敷よ）

日本最古の和歌といわれています。しかし日本の言語表現がなぜこのように短いかということを問う人はあまりいません。

日本の研究をする日本人は、「その文化の特質よりも最初から文化とはこういうものだ」という前提があることからはじめます。和歌の「短さ」を当然のものとして、この和歌こそが日本人の精神の表れとして受け取り、そこを問題視しないわけです。

世界的に見れば、和歌のような短い、ある意味で説明不足の詩型の文学はありません。でも、日本人は、和歌ですべてが表現できる、詠めると思っています。自然も恋愛も十分に詠うこともできると思っています。俳句になると単なる光景詩になってしまいますが、それに比べると、はるかに豊かな表現ができると考えています。

しかし世界は長く語られる詩が一般的です。ホメロスをはじめとしてダンテも、みんな長詩です。長いことによって、十全な物語性も感情も表現できると考えます。

『古今和歌集』の「仮名序」には、《倭歌《やまとうた》は、人の心を種として、よろづの言の葉とぞなれりける。世の中にある人、ことわざ繁きものなれば、心に思ふことを、見るもの、聞くものにつけて、言ひ出せるなり》と書かれ、《花に鳴く鶯《うぐひす》、水に澄むかはづの声を聞けば、生きとし生けるもの、いづれか歌をよまざりける。力をもいれずして、天土を動かし、目に見えぬ鬼神をもあはれと思はせ、男女の仲をもやはらげ、猛《たけ》き武士《もののふ》の心をも慰むるは歌なり》と続けています。しかし、世界でいえばこんな短い和歌で「なぜこれだけのことを詠えるのか、なぜこれで日本人は満足しているのか」ということになります。

その短さといえば文字だけではなく、言葉に対する日本人の在り方、日本人の考え方を反映しているからです。短いということは、できる限り簡略にする、できる限り余計な説明をそぎ落とす。そして、肝心なことをいう。しかも即物的にいうのではなくて、感性を込めて述べる。さらに五七五七七とリズミカルに詠うのです。

『万葉集』を読むと、それができるのは職業的歌人の洗練された文化をもっている人だけではなく、民衆でさえも身に付けていることがよくわかります。農民、あるいは防人まで同じ形で詠っています。つまりこうした感覚は、全国民、日本人全体がもっていたことがわかります。

和歌や俳句の短さは、長い話、くだくだしい説明は必要ではない、論理に対する信頼がない——長い言葉で論理立てる話法が行われていなかったという証です。

結局、事柄に対して、表現力不足というよりも、語らない事実を共有していたということだと思われます。共同体性が強いのです。

たとえば視覚的な表現でいうと、形であったり、仕草であったり、あるいは視線であったり、文字や言葉によって表現されえないものに対する思いが強いということです。

縄文時代は文字のない時代ですが、形によって表現されることが非常に発達しました。たとえば土器。日本の土器の表現は豊かで、変化に富んでいます。そして同時に洗練されている表現も多いのです。土偶もその表現は多様です。古墳も規模の大きさだけでなくて、「前方後円墳」といった構築物としての大きな形をもち、埴輪《はにわ》もバラエティーに富んでいます。

すべてが形によって表現されることに対する信頼度の方が、文字で表現することよりも豊かであったことがうかがえます。もちろん口誦言語があったでしょうが、しかしそれを記述すること、あるいはそれをもってコミュニケーションをするということよりも、できる限り言葉を短くして、他の表現でお互いにわかり合う、理解し合うということがあったということです。

文字が来たときに初めて、より言語表現の高度な文化が生まれたわけですが、基本的には、それ以前の口承文化が元にあったため、和歌という表現形式は続いたといえるわけです。

漢字と一緒に漢詩も入ってきたわけですが、後になって物語文学がはじまるときにも英語よりも口誦言語の感覚が強いものとなりました。ただ中国にあるフィクションをはじめとして、たくさんの歴史物が入ってきますが、それは読まれず、評価されることはなかった。おそらくそれらが真実の歴史を示していないこともわかっていたのでしょう。皇帝の都合のよいように書かれる歴史物語はすぐれた歴史とは違うということを少なくとも知っていたと思います。

多くの中国からの渡来人がいても、日本に来て、彼らの言葉を使わず、日本語に同化していったということは、まさにそのことの虚実を知っているからだと思われます。七世紀以前に大陸から移民が来ていたのですが、なぜか中国または朝鮮語を流布させず、彼らの言語を用いなかったということは、まさにそういうことです。

日本が口承言語というものを発達させたのは、まさに言語にとって話し言葉こそが書き言葉よりも優越しているという原則に則っていたからです。和歌、俳句、そうした表現が日本の書き言葉の芸術表現であるということは、話し言葉に近いからです。

長い文字に対する抵抗の歴史があるのです。したがって『万葉集』に書かれた詩集が最高の表現で、最も古典になるということです。最初の歌集であるということは、それ以前に口承言語の歌が営々と詠われてきたのです。和歌のような口調で人々が語っていたとも考えられます。それだけ人々がこの口調を身に付けていたということです。

俳句は、さらに短くなりました。この短い表現が日本の文学表現の中心に置かれたということは、まさに日本の言語表現が、ますます言葉の簡潔性を重んじたということを証拠立てています。言を長くして述べたところで、それは現実をきちんととらえていない、いやとらえられないという認識です。したがって、言葉で表現することは貴重なこととなり、それを発するだけで言葉の霊が力を発揮する。いわゆる言霊《ことだま》に近づくのです。

言葉として発したならば、それは固定していく。現実化していくのではないかという恐れです。言葉が自立して、ある意味で霊となって人々に取りつくのではないか。悪いことをいうと、そのことが現実化してしまうのではないか。

言葉を尊重しないのではなくて、言葉を発すればそれだけ責任をもつことになる。だからこそ言葉を短くして、あまりいろいろなことを現実に規定していかない。現実から離れてしまうことをいつも警戒しているのです。経験から得た一つの思想だと思います。

言語表現が少ないから考えが足りない民族だと思われるのではないか、などと考える必要はありません。日本人は共同社会の中で知恵を働かせてきたのです。

この考え方も、自然は本来最小限にしかものをいわない、という考え方によると思われます。そこはユダヤ教やキリスト教の文化圏の言葉の考え方と異なります。神は言葉ですから、言葉が現実をつくる、という話を彼らはつくり出したのです。

第六章　ユダヤ教とキリスト教の対話

◉教皇とラビの対話

最近、新しいローマ教皇にフランシスコがなられました。アルゼンチンの出身で、ヨーロッパではないところから出た教皇として脚光を浴びたわけですが、その方とアブラハム・スコルカというユダヤ教のラビ（ユダヤ教の宗教的指導者）が対談している本があります。『天と地の上で』という題名です。

キリスト教とユダヤ教の二つの宗教をどういうふうに理解しあうか。これまでユダヤ人に対する排斥が、基本的にはキリスト教徒からなされてきました。

そこには本当に長い歴史があるわけで、十六世紀のマラーノ（かつてスペインにおいて、コンベルソと呼ばれたキリスト教に改宗したユダヤ人を侮蔑的にマラーノと呼んだ）のように、キリスト教を偽装して、表面的にはキリスト教徒のように振る舞って、各国に同化して、その国家の国民になったこともあります。しかしそれでも排斥が続きました。その最たるものが、ドイツのナチズムです。

一方でドイツ・ナチスによって「六百万人のユダヤ人が殺された」という話が広く固定化されて、犠牲者としてのユダヤ人というイメージが出来上がっています。それを批判する意見もありましたが、歴史修正主義として非難される傾向にあるといえます。しかし、戦争が終わってみると、ユダヤ人の人口が増えているではないか、というような見解も出されて、それがインターネットにもあがりました。

とはいえ、今でもユダヤ人にとって有利な状態——ユダヤ人に対して批判が許されない状態がずっと続いています。特に言論ではそうです。これもうがった見方かもしれませんが、マスコミは基本的にユダヤ資本が握っているわけで、ユダヤに批判的な情報は流布しないのです。「ニューヨーク・タイムズ」は「ジューヨーク・タイムズ」だといわれるほどで、アメリカの言論はほとんどユダヤ人が支配しているようです。

しかし、人口の多数を占めるのは非ユダヤ人ですから、どうしても彼らへの批判を抑えることはできません。

その代表がカトリックの長・教皇です。教皇の存在と、それに対するユダヤ教のラビがどういう会話をするのかというのは大変に興味深いことです。

この『天と地の上で』では、冒頭に神の存在を共通前提として語っている二人の対話があります。

ユダヤ教の代表、キリスト教の代表が同じ神について語るのです。『旧約聖書』を語れば二人は当然、同じ神を語っていることになります。

ラビのほうは「タルムード」という別のユダヤ人特有のユダヤ教の教典について語りながら、「神について論じたことは一度もありませんでした」と発言しています。それは別に語る必要もない、当たりまえのことと認識しているからでしょう。

本書を読むと、確かにユダヤ人もキリスト教徒も結局、同じ宗教、同じ神を信じているということがわかります。

ではなぜこの二つの宗教が争ってきたのか。あまり語られていませんが、二人の会話を読むとよくわかります。

ラビのほうは常にユダヤ人ということを意識して、神がアブラハムに、「あなたは私の前を歩き、全《まった》き者であれ」(創世記一七章一節)と告げる場面や、預言者のミカがイスラエルの民に「公義を行い、誠実を愛し、へりくだってあなたの神と共に歩むこと」(ミカ書六章八節)と、神の願いを伝える場面を取り上げています。ラビは常にイスラエルの民ということを語っているわけです。

ところが教皇は何と答えられているかというと、ヨブの言葉「私はあなたのことを耳で聞いていました。しかし今、この目であなたを見ます」(ヨブ記四二章五節)と答えます。「神」は現前するのです。

自分を見つめるということから神の姿が浮かび上がるというように、教皇は確信していっておられます。

教皇は単に「私」であり、ラビは「イスラエルの民の私である」ことから神を悟り、そしてそれが同じ神である「ヤーヴェの神」のことなのです。

だから同じ神を信じているという共通前提があるから、神についてほとんど話しません。しかし一方は、普遍的な神、他方は「イスラエル民族の神」という異なる神のことを語っていることを意識もしません。

この二人を対立させようとはしないことで、『天と地の上で』という本は成り立っています。両者とも『旧約聖書』のことには精通していますから、「イスラエルの民の私」と「普遍的な個人の私」から見た神というその違いについては、それを無視して会話が成り立っていると思われます。

興味深かったのは、ユダヤ教では、神をあがめることは、神が示した掟《おきて》を果たすことだという契約の思想があるのに対し、教皇は、神と人間の敬愛の念は個人的な繋《つな》がりから生じると考えている点です。

一方が「共同宗教」の神であり、他方は「個人宗教」の神であることが歴然としています。ユダヤ教とキリスト教、それぞれが対立しないように、でもお互いの立場を主張する、とても面白い対談本です。

◉「神」を語るときに、常に「悪魔」が存在する

「神」を語るとき、「悪魔」という存在がその対照として語られることになります。そのことについても二人は語っています。「神」の創造物の傑作が人間であることを認めず、それに反発した天使たちがいたという話です。ヨブ記では「神」の偉業を破壊しようとするもの――人間がうぬぼれ、尊大さへ向かわせる誘惑者としての「悪魔」が登場します。反ヤーヴェの存在としての「悪魔」を想定しているわけです。

教皇は「悪魔」について次のように述べています。

「悪魔がもたらす実は、つねに破壊、対立、憎悪、中傷です。個人的には、神が私に求めていないことをしたくなったとき、そそのかされていると感じますね」

創世記には蛇の姿で「悪魔」が現れます。「神」に逆らうように人間をそそのかします。それは禁断の木の実を食べるアダムとイブの話に象徴されています。そして、それが人間が原罪をもつということにつながっていきます。

「神」は光と闇を生み出す。常に社会が、世界が対立関係にある。あるいは自然でさえも対立関係があるということを、ユダヤ教もキリスト教の方々も意識していることが『天と地の上

で』は語られます。

カトリック神学においても、「悪」を内的な要素とする見方があります。それは人間の本性が堕落したためだと説明されます。本性というい方をするわけですが、人間も常に「悪」の部分をもっていて、それが出てくると「神」から離れるのだということにもなるわけです。それは、キリスト教もユダヤ教も、自分たちの宗教以外の人たちは違う「神」ですから、はっきりいって潜在的には「悪魔である」という考え方を内包せざるを得ないわけです。

一方、「神」と「悪魔」のような二項対立を日本の宗教は受け入れません。

そういうキリスト教、ユダヤ教の本質というものを、常にわれわれは客観的に見ていくという立場にあるわけです。それが、「神」と「悪魔」をかっこつきで述べた理由です。

◉攻撃的な側面をもたされる一神教

この対話でこんなことが問題になったことがあります。教皇がプロテスタントの集会に出て「背教行為だ」ということで非難されたといいます。われわれからするとプロテスタントも同じキリスト教だと思いがちですが、プロテスタントにとってはそうではないのです。

カトリックの司祭として教皇が、プロテスタントの牧師の集会で話す機会があって、プロテスタントがお祈りをするときに同じように祈ってくださいと頼まれ、七千人の人々が祈りはじめたときに、教皇は祈りに参加するのを当然だと思ってひざまずいたことを、なぜか特別なことをしたようにいっています。日本人であったら自然にそうするでしょう。

するとと翌週のカトリック系の新聞記者に、プロテスタントと共に祈るだけで背教行為だという非難をされたといいます。

ひざまずいただけで、プロテスタント、カトリックがお互いに背教行為だということで非難しあう。このことだけでも、彼らの神が違うことを意識させます。

たとえばイスラエルにはキブツの運動というものがあります。キブツの運動というのは土地に結び付いた運動で、土地を開発して、そこをユダヤ人の仕事場にすることで、イスラエルの国の建設に役立たせようとしたものです。

しかし、ラビ・クックという人は、これはヨーロッパのユダヤ人が拒んできた畑仕事、大地を取り戻すという行為であって、キブツの建設自体、ユダヤの伝統から離れた者たちがやったことだと批難したのです。

このように自分たちの内部でもお互いに批難しあうこと自体が、ユダヤ教でもキリスト教でも、寛容の精神が欠けているということを表しています。これがわれわれ日本人には奇異に映るのです。

一神教から出発していない日本人にとって「自然」はあらゆる「神」を平等にします。ですから、そうした日本人の目からは、彼らには謙虚さが足りず自分たちが生きることに汲々としていて、自己主張ばかりするというふうに見えてしまいます。

自己肯定だけをする。そして他人を常に批判する。背教行為だといってしまう。そういう宗教のあり方そのものが、少なくとも日本人にとっては問題だというふうに思えるのです。すぐに戦いか、あるいは闘争になる道理を感じます。

こういう宗教というのはあっていいのだろうかという疑問がわきます。一神教の信者は世界で三十八億人いるにもかかわらず、です。それはわれわれ日本人の宗教では神の前に自然があるからです。仏教を取り入れ、キリスト教を取り入れ、すべての宗教が日本では許されているのも、各宗教のお互いどうしが批難しあったりはしないこともそれに由来するのです。単に日本人の人の良さだけが理由ではありません。

日本では宗教が違うからといって、相手を批難したり、あるいはデモやテロをするとか、果ては戦争を起こすとかということはなかったわけです。

『天と地の上で』という本はそういう日本人にとって、この本の意図する「和解」の精神よりも、わざわざこうして対話しなければならない宗教のあり方の方が気になるのです。

◉なぜ秀吉はキリスト教を禁止したのか

十六世紀の日本には、フランシスコ・ザビエルをはじめとする多くのキリスト教の宣教師がやって来ました。最後にはヴァリニアーノというイエズス会の東洋の責任者までやって来ました。

彼らは日本人をキリスト教化した象徴として五人の少年使節をローマまで送ったりしました。必死になって日本に布教しようとしましたが、九州地方の一部を押さえただけで一五八七年に豊臣秀吉によって布教は禁止されました。一六一二年には改めて徳川家康もまたキリスト教の布教を禁止しました。

キリスト教を伝えたときに、日本に神道があり、仏教があるということを、あるいは天皇がおられるということをどう考えたのか。他の植民地国と同じように布教しようとしたのですが、日本はそれに対抗して、追放し排除しようとしたのです。

西洋ではキリスト教徒の受難とし、日本のキリスト教殉教者を祀るようになりました。しかしそれはけっしてキリスト教を日本人が受け入れなかったのではなくて、仏教と同じように扱おうとしたのです。それは「マリア観音」が残されていることでもわかります。しかし、キリスト教の宣教師はそれを受け入れず、ただキリスト教のみを信仰させようとしたのです。

九州では日本のお寺を焼いたり、神社を壊したりしました。

それを知った豊臣秀吉が布教禁止令を出し、キリシタン追放を命じたのです。

土地の宗教をよく理解しないで布教しても失敗するというよい例でしょう。違いがあればすぐ否定してかかるということは一神教の特徴といってよいでしょう。

お互いどうしが気付いているにもかかわらず、そうした感覚を是とする限りは、その憎悪によって平気で殺しあうようになってしまうのです。

単なる領地の奪いあい、あるいは富の奪いあいというふうにいわれているものも、基本的には宗教戦争だったのです。同じキリスト教のプロテスタントとカトリックでさえ戦争をしていたり、イスラム教とキリスト教の戦争は恒常的であったり、ユダヤ教とキリスト教、イスラム教との争いは常に潜在的なものとして続いています。イスラエルとパレスチナの戦いはいまだに続いています。みな一神教どうしです。こうしたことは宗教で戦争をしたことがない日本人だからこそいえるのです。

そういう意味で、日本人が一神教の批判をすることはけっして不遜《ふそん》でも不埒《ふらち》なことでもありません。相手を否定するのではなくて、お互いに謙虚で、譲りあうという精神をもつということが日本の宗教にあるとすれば、はるかに高い人間性をもっていることになるのです。

宗教の戒律を二次的なものとして見る考えは、必然的に、それ以前に自らの道徳をもっているということになります。宗教だけが人を律するものではなく、実際はその前に自然の道徳というものがあるということです。

「自然」という言葉は、「ネイチャー」の訳語として明治以降につくられた言葉です。その前は「天地」と表現していました。「自然というものがけっして野放図なものではない」という、日本人の「自然」への対し方が、地球に住むすべての人々が、受け入れるべき思想のあり方なのではないでしょうか。

コラム⑥　七福神こそ日本宗教の表れ

七福神で注目すべきことは、恵比寿《えびす》をのぞく六福神が外国の神様だということです。大《だい》黒天《こくてん》、弁財天《べんざいてん》、布袋《ほてい》、福禄寿《ふくろくじゅ》、寿老人《じゅろうじん》はいずれも中国の神、毘沙門天《びしゃもんてん》はインドの神です。仏教にとり入れられたり、中国の道教や禅僧の神々で宝船に乗り込んだ姿は、まさに「呉《ご》越同舟《えつどうしゅう》」です。

鯛《たい》を抱えて釣竿をもつ恵比寿は、イザナギノミコトとイザナミノミコトの間に最初に生まれた神であるヒルコノミコト（蛭子命）とされています。生まれながらにして障害があり、三歳になっても脚が立たなかったため、両親は葦舟《あしぶね》に乗せて海に流したといいます。中世以降、この運命的な神は一転して福神となり、ふくよかな笑顔の「恵比寿さま」と尊称されるようになりました。

大きな袋を背負い、右手に打ちでの小槌《こづち》を握った大黒天は、もともとインドの神でしたが、仏教では大日如来の化身とされ、仏法の守護神となりました。凄まじい形相をした戦闘の神ですが、中国に渡って厨房《ちゅうぼう》の神となり、留学していた最澄が帰国後にこの大黒天を比叡山延暦寺の守護としました。その後、出雲神話の大国主命《おおくにぬしのみこと》と一体化しています。

知恵の神々とされる弁財天は、インドの河の神です。日本で宗像《むなかた》大社の祭神で海の神である市杵島姫命《いちきしまひめのみこと》と一体化しています。

布袋は、九世紀から十世紀にかけて実在した中国の学識豊かな禅僧で弥勒《みろく》菩薩の化身となりました。頭長短身の老人である福禄寿と、仙人の寿老人は、中国生まれの道教の神です。毘沙門天は仏教の四天王の一つとして知られ、護国護法の神であり、多聞天の別名をもつ軍神です。

いずれも福の神なので、七福神と呼ばれますが、「笑う神」というのも珍しい存在です。室町時代までは、日本人にとっての世界は天竺《てんじく》、支那《しな》と日本で成り立っていました。そして、それらの神々が日本にやってくると、日本の神々と融合しました。大黒天は大国主命の信仰を受け継ぎ、弁財天は天鈿女命《あめのうずめのみこと》やスサノオノミコトの姫、市杵姫命《いちきのひめのみこと》と、福禄寿や寿老神は日本で馴染みがないものの、猿田彦命《さるたひこのみこと》などと一体化しました。布袋様は弥勒菩薩の生まれ変わりとして、その袋をもつ存在から広い度量をもたらす神となりましたが、人格の豊かさの神となったのです。

明治まで何の疑問もなく、神と仏を同時に信仰してきた日本人。神仏分離令によってその信仰は封印されましたが、現在でも七福神を愛する心の奥底には、神と仏を同時に求める日本人の無意識があります。

いったいこうしたばらばらの神々がなぜみな「笑いの神」なのでしょうか。また「福の神」なのでしょうか。その答えは簡単です。日本人は人間の性格はもともと善であり、陽気なものと考えました。『万葉集』でもすでに大伴旅人が《この世にし楽しくあらば来む生には　虫にも鳥にもわれはなりけむ》と歌っています。仏教が入り、死後、六道の畜生《ちくしょう》道に回されても、この世の楽しさを享受しようというのです。

仏教の教えを深刻に考えなかった証拠です。これをただ現世肯定主義と単純にとらえるよりも、人間はもともと自然の一部であって、自然は心変わりがあっても、基本は幸福に生きることにある、ということです。

それは「心だにまことの道にかなひなば　祈らずとても神や守らむ」という心に通じます。この場合、まことの道とは、人倫の道であると同時に自然の道なのです。この日本人の楽天性が室町時代以後、仏教的戒律から解き放たれた日本人、とくに商人を中心にして、自分たちの神々をつくり出したのです。すでにその元の姿を忘れて、それぞれ日本人の善意のあふれる福の神々をつくり出し、それが七福神の姿になったといってよいでしょう。

私はこれにキリスト教の日本伝来がマリア観音の形をとって融合し、さらに近代ではサンタクロースという子供にプレゼントをもってくるキリスト教の聖人が神となって、「クリスマス」という祝日と結び付いたと考えています。日本の「クリスマス」は八福神の一神サンタクロースの祭りなのです。さらに付け加えれば、二月にチョコレートを贈るヴァレンタインを入れてもいいのかもしれません。

第七章　一神教以前の宗教

◉西洋人にとって自然とは何か

さて、これまで西洋人にとって神がいるかどうか、まともに論じてきませんでした。私たち日本人にとって、神は砂漠の民族の必然的な必要性として論じ、神を相対化して見てきただけでは、神の存在を否定し得たことになりません。一神教の人々は、やはり神の存在証明を論理で語ってきたのです。有名なものは、近代西洋の哲学者カント（一七二四〜一八〇四年）の、神の四つの存在証明です。

カントはまず、自然科学的証明と称して「世界が規則的かつ精巧なのは、神が世界をつくったからだ」と述べます。しかしなぜ自然そのものが最初から、規則的精巧な面をもっているということがわからないのでしょうか。神をわざわざ想定しなくても自然は秩序をもっています。しかし時には、人間にとって理不尽な動きをしますが、それは人間にとってわからないだけのことです。

二番目の存在証明として存在論的証明というものがあります。「《存在する》という属性を最大限にもったものが神だ」というものです。しかし神がなくとも、自然そのものは、もともと存在しているというのは、宇宙という自然を考えれば明らかで、それは何の理由にもなりません。

三番目に、物事が「因果律に従って原因の原因の原因の……と遡って行くと根本原因があるはず。この根本原因こそが神だ」というのですが、おそらくその根本原因にもまたさらに原因があるはずで、それが自然というものだ、ということになります。

最後に道徳的な証明として「道徳に従うと幸福になるのは神がいるからだ」というのですが、そんな神が存在しなくとも、自然そのものが、人々を幸福にしてくれるのです。太陽は毎日上り、地球上のどこにも恩恵を施します。その平等性、一貫性こそ、道徳の根本ではないでしょうか。

これまで述べてきた神の四つの存在証明は、日本人にとっては、自然という概念で十分に取って代わることができるもので、到底「存在証明」とは認められません。

しかしこの四つの存在証明は、単にキリスト教神学者だけでなく古代ギリシャのアリストテレス、中世のトマス・アキナス、アンセルムスやデカルト、パスカル、カントといった錚々《そうそう》たる思想家たちによって認められてきた「神」の概念であることを考えると、西洋人たちが、神なしには思想が成り立たないと思っていることに気付き唖然とします。

しかし、西洋でも神ではなく、自然の概念がなかったのでしょうか。そんなことはありません。これから自然の概念の西洋での歴史をたどってみましょう。

◉ギリシャという特殊な国

ギリシャ半島は、必ずしもヨーロッパではありません。少なくともユダヤ・キリスト教文化圏ではありません。われわれは西洋の発祥の地としてギリシャを考えがちですが、ギリシャは東洋の一部といってもいいのです。

古代ギリシャの思想や考え方は、近代西洋に受け継がれたものでは必ずしもなく、かえって東洋に近いものをもっています。

たとえばギリシャ語で、自然は「フュシス」といいます。「フュシス」という言葉は「生み出す」「形成する」という動詞の「ピュオー」という言葉を基にしています。「誕生」「起源」です。生まれつきの性質という意味もあります。

これは自然ということと、「自ら然り」、あるいは「自らが自動的に動く」という観念と同じで、自然というものを見たときに、ギリシャ人が感じたことを「フュシス」といっているわけです。

人間がつくった神が関与しない自然が、自然に動いているということ、自然に生み出され形成されていくということを、不思議に思って名付けたといっていいでしょう。

「フュシス」という言葉は、「ノモス」という言葉に対応するもので、自然に生まれるということです。結局、言葉で認識する前に、元々あるという概念です。

つまり、おのずからこう生まれてくるという概念と、自然というものが結び付いています。それが別のものではないということです。「フュシス」という言葉は、「自然の秩序」の訳語としても理解することができます。

これとは別に「コスモス」という言葉があります。これは「宇宙」という意味で、自然の中の一部、つまり「整然とある宇宙」「自然の掟《おきて》」といった概念です。

いずれにしても、この「フュシス」という言葉は日本の「天地」、そして「造形」という言葉や、さまざまな自然用語と合致します。

たとえばアリストテレス（前三八四～前三二二年）がいう、「最初の哲学者たちは、全ての存在が、それから存在を得、それからそれらを全てが生成し来たり、その終わりにまたそれに消滅していくところのそれ。こうしたそれを、彼らは全て存在の構成要素であり、もともとの原理であると考えた」という真理も日本人は体得してきた、といってよいでしょう。アリストテレスはそれを哲学者として考えはじめるわけです。これはプラトン（前四二七～前三四七年）を引き継いでいます。

プラトンの場合はそれを「イデア」としました。あるいは「神」という言葉を使っています。ある意味で、西洋の神、いわゆるその一神を考える基がここにあります。プラトンは「フュシス」を探求します。神といってしまったのはユダヤ教で、ギリシャ人はそこを「真実」と呼びます。

日本人はそれを「天地の混沌」として認識していました。しかし、科学がいくら発達しても、いまだにこの「真実」はわからないのです。

何度もいうように、宇宙を解説する現代科学をいくら読んでも、「無」というものがあって、そこから「有」が出てくる――そのときに、どういうことが起きていたのか。そのメカニズムがいまだに解説できません。ビッグバン現象という仮説を立てる方もいますが、いまだにわからないわけです。

そういうわからないということを予知していたのが、日本の「天地の混沌」といってもいいでしょう。

◉「自然とは何か」を追究した古代ギリシャの哲学者たち

自然を語ったのはギリシャでは哲学者だけではありません。自然医学を説いたヒポクラテス（前四六〇頃～前三七〇年頃）もいます。自然哲学が生まれてきたのですが、しかし混沌は混乱ではありません。そこに動かすエネルギーがあり、神をもつくり出す力をもっています。自然を対象にしていろいろな起源論が出ています。

たとえば水が起源である、火が起源であるとか、自然の一部を起源として考えようとします。その「フュシス」、真実は何かということを追究していくのが、ギリシャの哲学です。そこには観念的な人格神はいないことを何度も強調すべきでしょう。だからこそギリシャ哲学の考え方は、われわれに近いということがいえると思います。

ヒポクラテスの医学、ピタゴラス（前五八二頃～前四九六年頃）の数学、ユークリッド（生没年不詳）の幾何学、アリストテレスの動物学、それぞれが自然学として発展していくわけです。

医学の祖とされるヒポクラテスは、自然医学を述べて、環境状況と人体と病気の関連を事細かく述べています。熱と寒さ、乾、湿。それから土や海、河川、泉、湧き井戸から星座や季節風の向きなどを人体との関連として論じており、人体を自然との関係で述べようとしているのです。すべてが「フュシス」、つまり「本性」、あるいは「真実」を追究しようとしているわけです。

アリストテレスは「フュシス」について、①生長する事物の生成だといいます。②生長する事物の内に内在していて、この事物がそれから生長しはじめる。たとえば植物の種子のようだ、といいます。③事物のおのおのの運動が第一にそれからはじまり、かつそのおのおのの内にそうした事物のそれ自体として内在していることを意味する、といいます。つまり内在的な始動因のことです。④存在するものから、第一の根源的質料を意味するのだ、といいます。⑤自然的諸存在の実態とも解される、とします。⑥広く一般に、あらゆる実態がそれだ、といいます。

この⑤に、自然という言葉が出てきます。だから、あらゆるものを「フュシス」に基づくといいながら、結局それが自然というものに帰着してしまうわけです。これはまさに日本と同じ、日本人の思考と同じです。現代でもそれが続いているのです。

「第一の主要な意味で自然といわれるものは、各々の事物のうちに、それ自体として、それの運動のはじまりである『始動因』を内在させているところの、その当の事物の実体、本質のことである」というのです。これもある種のトートロジー（同じことの繰り返し）のように聞こえます。

結局それは現代科学でも解決できない問題があることで、それを見越していたということでしょう。この時代、すでにそのことがわかっていたということは、結局いろいろな実験、いろいろな観察、そしていろいろな研究も、結局よくわからないだろう、人間の能力では及ばないものだ、ということです。

「無知」を知っていること自体が、無神論者と通じるわけです。それを神の言葉でわかったと思うこと自体が、宗教になるわけです。しかしそれは仮説であり、虚構です。ドーキンスにとっては「虚妄」であるということになるわけです。しかしそれでも現在の大部分の宗教がそれを信じているのです。

神は決して人間を助けてくれないし、神は「悪」をつくって人々をおとしめようとします。「万能の神」は存在しないということを、人々は感じているのです。

しかしそれをいったり、神を否定したりすると、無神論になるという恐れを感じて、人々は考えないだけのことです。

◉古代ギリシャと古代日本の自然観は共通していた

いずれにしても、古代ギリシャの時代から人々は「自然」というものを考えていたということです。これはわれわれの、日本の「神道」と同じです。この宗教の在り方こそ、これからの世界の宗教の在り方の基本となるし、そうした方向に行くことによって、世界が平和になると思われるのです。

日本人がなぜ経験的に、自然というものを信じることによって、救われるかというと、これは当然、人間の精神が基本的に自然の一部であるということを知っているからです。

自然というものを、ギリシャ人が「フュシス」と呼んだとき、それは西洋的な神への信仰よりも、日本の神（自然道）に深く関連しているという感じがします。これはギリシャの影響を受けた古代ローマへも続いていきます。

キリスト教が出る以前は、日本の思想が世界の思想と共通していたのです。あるいはギリシャのこういう考え方が、世界の哲学でもあったと私は見ているのです。それこそが、古代ローマの博物学者プリニウスの『博物誌』に通じることです。この本は、三十七巻にも及ぶ大著で、自然界のあらゆることを述べています。

「自然が人間にとって、やさしい母であるか、残酷な母であるかは軽々に断定し得ない」といったり、「自然が私たちにめぐんでくれる生命ははかない」と述べています。「自然は石に感覚と手を与えた」――これは磁石のことをいっています。

このような使い方を見ても、ギリシャの哲学は、宇宙、大地、人間、地上の動物、海の魚、鳥や虫、植物、鉱物、石まで入れており、まるで「自然」学であり、日本の神道（自然道）と似ています。むろん日本では『博物誌』に当たる書物が書かれたわけではありませんが、和歌の形で自然のすべてを詠っているのです。プリニウスが人工のもの――たとえば神殿とか迷宮とか地下の墳墓、ピラミッドなどを『博物誌』の中で扱っていることをおかしいという人もいますが、私はそうは思いません。人間の創造物である人工の作品も、すべて人間という自然の一部から生まれたものですから、『博物誌』に扱われているのです。ギリシャ・ローマには一貫してこういう思想があったにもかかわらず、キリスト教が古代ローマに入ってきて、ユダヤの思想が一神を主張しはじめたときに、神が天地をつくり、神が自分に似せて人間をつくったという万能の神が出てきてしまったのです。ここで大きな誤りの歴史がはじまった、「虚構」の時代がはじまったといってもいいのです。あるいは人類に争いが顕著になった時代であると、私は思っています。

なぜかというと、一神教はその一神だけ信じて他の神々を認めないからです。イスラム教も、ユダヤ教も、キリスト教もその元は同じヤーヴェの神なのに、宗教が別れることによって、一神が全部違うことになってしまったのです。一神教が生まれ支配するようになって、戦争がはじまる率が高くなっていくということは、必然なのです。

このことが、私たちが今、日本の思想が世界の思想になるべきだという一つの根拠でもあるわけです。

一方、「自然教」はできる限り平和的に解決しようとします。たしかに動物の中の生存競争もあるし、人間の間でも生存競争は行われます。しかし、自然がそれを改善すれば、自ら平和になるのです。一神教の場合は、それがそういうことになりません。異なる宗教とは調和が取れないことにならざるを得ないのです。

◉ダ・ヴィンチがつかんだ「自然」

私はここでレオナルド・ダ・ヴィンチに注目したいと思います。私はイタリアでこの画家を研究してきました。それで気付いたことですが、彼は神という言葉をほとんど使っていないのです。最後の遺書に神が出てきますが、六千葉もある『手記』を読んでも、神という言葉が一切出てこないのです。

レオナルド・ダ・ヴィンチはむろんフィレンツェでキリスト教の教育を受け、キリスト教絵画を描きました。しかし、彼が手記で神という言葉を一度も使っていないことに驚きました。彼の描いているスケッチ、風景画にしても自然が非常に強い表現力をもっています。西洋人がレオナルドの絵を見る目は、そこに神を見るかもしれませんが、私はその自然描写に感動するのです。自然の精妙さ、自然の深さという、日本では「妙」という言葉を使いますが、まさにそれを描こうとしているのです。

「目に見える、ありとあらゆるものは自然から生まれた。絵画はそれから生まれる。だから、絵画は自然の孫だ」と彼はいいます。

ダ・ヴィンチの『手記』の一節にはこう記されています。

「詩も絵画も、自分の能力のなしうるかぎり、自然を模倣してゆく」「自然は自己の法則を破らない」

ここには、自然の法則は何かを説明することは難しいわけですが、自然自体がもっている自立的な法則は、信頼すべきものだという意味があると思います。自然を理想化して描くことができるわけです。

この当時、自然だけを描いた絵はありませんでした。人間は主題になっても、自然は背景でしかないのです。レオナルドはデッサンで自然を多く描き、また油彩画でもモナリザの背景に自然景を描き込みました（これは恐らく中国の山水画から来ていると見ています。当時はすでに東西貿易がありましたから、中国のものがいくらでも入っています）。それは日本の風景にも通じるわけですが、彼は東洋の理想化された自然というものを理解しており、自然というものが日本で非常に重要視されていることを、すでに知っていたに違いありません。もちろん彼は東洋のことを直接は述べていません。しかし、『東方旅行記』を書いて東洋の高い山のことを書いています。自然が自立していることを知っていたと思います。自然を天地万物の総体として見ていたと考えられます。

「画家は自然を師とする」とも書いています。それを、自然のリアリズムを写すことだと、美術史家は解釈していますが、もっと深い意味があるのです。自然自身が、自ら創造し変化しているからです。人間は自然を師とするという言葉は、キリスト教徒にはふさわしくないのです。自然というものが精妙に動くこと、精妙に感じること、精妙に人々に働き掛けること。こうした世界を、われわれは描くべきだ、それを師とするべきだといっているのです。それが和歌であり、俳句であり、日本人の表現であったことを考えれば了解できるわけです。

しかし基本的に社会はキリスト教が強い力をもっていますから、表立って表現できません。レオナルドも発表しない『手記』だけにこのことを書いているのです。しかし、彼の考え方は決して孤立したものではなかったことはわかります。こうしたレオナルドを知ってから、この時代のヨーロッパの哲学者を調べてみると、必ずしもキリスト教に拘泥《こうでい》している人たちだけではないことがわかります。たとえばあのラブレー、トマス・モア。同時代の人たちが、「ルネサンス」という時代だけあって、ギリシャ的な自然観をうかがわせています。

後のガリレオも地動説を唱えてキリスト教とぶつかって、それを異端審問で否定され、軟禁状態での生活を送ったことはご存じと思います。

神はいないということを知っている人たちが続々出てきています。ただそれを表にすると迫害されるという時代であったことは事実です。しかし、私はレオナルド・ダ・ヴィンチの美は、まさに自然を探求することによって生まれてきたものであって、決して神を探求して生まれてきたものではないということを指摘したいと思います。

たとえばパラケルスス（一四九三（四）～一五四一年）という思想家がいます。この人は預言者として誤解されているところがありますけれど、『自然の光』を書いて、「自然そのもの以外により良き師があるだろうか。自然は知識を所有し、万物の意味を明白に示す。自然が医師を教育してくれる。……処方を融合するのも自然である。自然の光に反するものは、確かな入り口も出口もない迷路のごときものである」と述べています。自然の本質的な問題をここで提示しているわけです。

それ以後、デカルト（一五九六～一六五〇年）やパスカル（一六二三～一六六二年）が出てきます。これらの思想家たちは、人間の理性をもち出しますが、神を否定するまでには至っていません。レオナルドほど、あるいはパラケルススほどの率直さはないのです。

◉科学者とキリスト教

カント（一七二四～一八〇四年）までの哲学者は、キリスト教徒として神を認めながら、理性、科学を啓蒙していきます。ニュートンも含めて、科学は宗教と折衷していきます。

おそらく今の西洋の科学者も、彼らと同じところがあって、ノーベル賞を受賞した、コンプトン効果で有名なアメリカの実験物理学者アーサー・コンプトン（一八九二～一九六二年）

は、「秩序正しく広がっている宇宙は、《はじめに神が天と地を創造した》（創世紀）という、最も荘厳な言葉の真実を証明するもの」といっています。聖書の言葉を引用しているのです。もちろん現代でも、西洋ではキリスト教というもの、あるいは教会があって、人々はみんなキリスト教的考えをもっています。

それがまた、他教徒との争いを生み、戦争を呼ぶことになるのです。われわれはそれを肯定すべきことではないはずです。いかに変えていくかは、もちろんいろいろと問題があるわけですが、神が支配する自然という概念を変えていくことが必要とされます。そしてそこに新たな自然信仰という、誰でも地球と触れることのできる自然の驚異にひざまずかざるを得なくなるのです。わからないということを肯定していく、その謙虚さをもつということ。人間は謙虚であるということを、自然が教えるというふうに見るということです。

◉スピノザの「自然」

ニュートンは「万有引力の法則」を発見しましたが、彼にとっての自然は、至高の神の深慮と支配によってのみ生まれたものであると述べています。これが西洋の科学者の模範となる考え方でした。ところで、自然の思想史で、レオナルド同様に欠かせないのが、スピノザ（一六三二～一六七七年）です。彼は十七世紀の、デカルト、パスカルの時代の人で、この両思想家が神という存在を肯定した形で述べているのに対して、スピノザの場合は「全自然は一つの個体である」といい、人間は自然の一部であるといっています。神即自然です。自然というものを高くもち上げているのです。この人はユダヤ人で、キリスト教の哲学者たちと違う考え方をもっていました。しかしそれはユダヤ人の一神論とは異なっていました。

彼は、すべての原因は究極原因であるといいます。しかも自らは、何の原因も要しない存在者、すなわち自己原因（カウサスィート）となる概念をつくっているといいます。この自己原因というのが「スブタンスピア」です。実体をデウス、神と等値して、神を「ナトゥーラ」と等値するのです。これはまさに日本の自然概念と似ているわけです。自然そのものを神とする。自然を支配する神ではないわけです。

スピノザの場合は、神が自然を支配するのだというユダヤ教徒から排斥されました。彼はオランダのユダヤ人たちから「呪われろ」といわれる存在になります。しかし、これこそがある意味で日本人の考え方とも似ているし、普遍的な考え方であるということがいえます。ただ、やはり彼の神の観念が強すぎ、自然よりも神を「自由原因」と考えるのです。

これを無神論者として排斥したのが当時の神学者たち、あるいは思想家でした。その排斥自体が、今日の問題に通じます。

自然を神の創造物と見ることによって、事物を見ようとする態度は、やはり西洋思想では一貫しているのです。自然をいうことによって、「無神論者」だといわれることは、彼らにとって耐えきれなかったのです。

しかし、それは決して「無神論者」でなくて、神の存在証明がただ精神上の必要性のみであることは誰でも気が付いているのです。しかし、その必要性が、「無神論者」といって貶めることによって証明し得たかのように錯覚しているだけなのです。人間の本来の在り方からいうと、自然はとてつもなくすばらしい存在であり「自由原因」でもあるのです。

◉ロックに代表される西洋の限界

ジョン・ロック（一六三二〜一七〇四年）も、近代思想で重要な人物ですが、彼の自然観は、デカルトの強い影響を受け、「新自然学」を構築しようとしました。力学の基本構想、宇宙、太陽系、地球、大気、気象一般、川、鉱物、植物、動物、人間の五感が悟性となって、デカルトの哲学原理の構成を踏襲しています。しかしロックは自然が、物理的自然、生命的自然、人間的自然の総体である自然界を考えたのです。この観念があって、ロックの語録『人間悟性論』という本になります。

ロックは近代概念としての「自然論」を説いたのですが、キリスト教を批判し、一神教に疑問をもつという形では提出されませんでした。それは、初めから別の存在としての自然観だったといってもいいいと思います。

彼はその中で、「物質も考える能力をもちうる」という言葉を使っています。自然を重視していることはわかるのですが、一方で、『社会論』に「政府論」を書いています。そこで「自然法」とか「自然状態」などという言葉を使っていますが、初めから「王権神授説」を否定し、人間の平等と、人民の革命権をもっているとする理論を展開しています。彼の社会学的な主張を「自然権」で語っているのです。

西洋の場合は、一方で一神教があるために、宗教的に権威も集中させるという教皇をつくりました。神の代理人です。そして王も、権利を神から授かったと考えます。「王権神授説」です。神授説と取ってしまうと、そういう権力者、あるいは独裁者としての王しか考えられないわけです。

一神、つまり神が与えた権力という概念です。しかし、そこに権力と民衆は契約関係となり、そこに愛情というものが出てきません。自然の関係がないのです。権力者と民衆の間に、自然のつくった家族共同体があるというのが、日本人の思想です。愛情の共同体です。愛情という、統治者と国民あるいは人民の間をとりもつ一つの大きな親心、自然がもっている家族の中の感情、つながりというものが、国家に出てこなくなるわけです。しかし、それこそが日本の「八紘一宇《はっこういちう》」の精神です。

そこに西洋の一神教がある世界における君主と、日本の天皇という存在との違いが生まれます。

すでに述べたように、教皇という存在が宗教的な慈愛の精神を人々に与えることによって、西洋はバランスをとってきたのです。

近代の「フランス革命」は、この教皇を無視しました。しかし教皇を革命で倒すということはしませんでした。この辺が西洋の矛盾だろうと思います。宗教的な権威というもの、精神的な権威、そこに民衆との愛情関係で結ばれる「教皇」の姿を忘れようとしたのです。それは以後のアメリカの独立宣言や、フランス革命といったものの基本となって、教皇への無視が続いたのです。

◉一神教は矛盾を抱えている

ディドロ（一七一三〜一七八四年）は啓蒙家として有名ですが、その生涯をかけて『百科全書』をつくった人です。彼は『百科全書』によって、地球上のいろいろなところに散在している知識を集成して、自然と人為の普遍的な体系をつくり上げ、学問と芸術と技術の知識の合理的な辞典をつくろうとしました。

フランシス・ベーコンもディドロにならって、『自然の解明に関する断章』というのを書いています。その中で「自然」について注目し、「自然の現象全体を生み出すのに必要な異質の物質を要素と呼ぶことにしよう」「諸要素の組み合わせから生まれた、現在の結果全体、ないしそこから次々と生まれてきた結果の全体を自然と呼ぶことにしよう」「天上の自然があり、地上の自然がある。天使があり、人間があり、動物がある。鳥があり、魚があり、虫があるのだ」と述べています。

全自然の天地と万物を概括する自然概念が出てきます。これは自然が全体を物質として見る見方を基本にもっています。

これが近代科学の概念をつくり出したというふうに考えられます。自然を客観的に分析していくと、分子、原子、細胞、そしてさまざまな細かな要素が存在します。科学は物理学とか化学が基本になります。科学を発達させる要素の前提となるわけです。

この分析的な科学は、唯物論となって「近代科学」の根幹となります。それは物質界としての宇宙、微小世界の生物、時間、空間といった、到底人間が分析する方法ではとらえきれない世界に対しては沈黙するだけです。科学の理解できることはごく小さな範囲です。そのことを宗教では「神のみぞ知る」という言葉で逃れる外はないのです。多くの現代の科学者もそうした言葉を使います。

一神教でいっても、なぜ神がつくったかという問いも消えていくわけです。そこには精神的なあるいは感情的なものが消えていくわけです。冷静に見れば、科学物質がすべてわかるという考え方で逆行しますが、物質世界でわかる範囲は狭い。それでいろいろな仮説の体系をつくっていくことがはじまります。

ディドロの著作に、いわゆる自然を語るとき、それは物理的な自然でも、生物的な自然でもなくて、「全自然」であり、かつ「神と無縁な自然」ということになるわけです。ここに、西洋人の信仰の否定が生まれてくるわけです。必ずしも西洋人たちはそれ以上追究しません。両方とも成り立ち得るという考えでしょう。

「神は妄想である」と現代の科学者がいったとしても、宗教と科学を別なものとして見るという、ある種の意図的な無視がなされ、偽善的な態度が出てくるわけです。

ルソーも、「自然に帰れ」といったわけではありません。ただ、これがある種の新しい思想ではあったわけで、彼は、『学問芸術論』や『人間不平等起源論』では、文明社会に原始社会を対比して、原始人、野生人、自然人を賛美しています。

しかし原始社会に帰れといわれても、帰れません。もちろん「野蛮人になれ」といっているわけではありません。原始の状態から文明が生まれ、やがて国家権力、専制が生まれることを危惧しているのです。しかし自然状態に戻れないのだから、せめて内心に「自然」をもちつづければいい、といっているのです。精神の自然の歩みをいっているのです。

「未開人として、森の深い所に追いやろうというのではない」「社会の渦の中に巻き込まれていても、情念によって人々の意見によっても引きずり回されることがなければそれでいい」「自分の目でものを見、自分の心でものを感じればいい」「自分の理性の権威の他には、どんな権威にも支配されなければいいのだ」「そういう状態にあれば、精神の自然の歩みに速められる」と『エミール』では述べています。

「自然」が権力を、あるいは権威を否定するという考えに結び付くわけです。

つまり、「内心の自由」こそが自然であるということです。これが社会の権力が、人を抑圧する、あるいは人を縛るということに反抗しようとする考え方がここから出てきます。

こういう西洋のある種の葛藤を見ていくと、自然というのを立てながら、それを逆に、これまでの公教育（学校制度）、を否定し、家庭教育や自然の教育を述べているのです。同時にキリスト教、あるいは王制――アンシャンレジームが、この自然と齟齬《そご》するものという形で述べられたのです。ルソーが自然を述べるとき、確かに自然を「善性」ととらえるのですが、ただ自然への全幅の信頼ではなく、神に取って代わるものではないのです。

それは次のような表現からもわかります。

「わたしは、神が宇宙に存在するすべてのものを形づくったこと、すべてのものをつくり、すべてのものに秩序を与えたことを知っている」（『サヴォアの助任司祭の信仰告白』）

彼の自然は決して自然全体を把握しようとするのではなく、一方的なロマンチシズムに拠っているに過ぎないのです。自然を主張するということと、一神がいるというキリスト教は成り立たないとは考えません。

西洋の場合は、依然として神が自然をつくったということを否定できないために、自然を主張したところで、それは「悪魔」を主張するのと同じことになってしまうわけです。

「宗教はアヘンである」とマルクスがいい、それを掲げて国家をつくっても、ソ連のように結局崩壊してしまいます。冷たい社会しかできません。一党独裁の社会しかできないのは、宗教をアヘンと批判したために、一神教に取って代わるものがないからです。

社会規律といっても、それが何のために、それがどういう人のイメージでということが、必ずしも提示されないのです。これが社会主義の崩壊した一つの大きな原因だろうと思います。

◉浮世絵が伝えた日本の「自然」

私は美学・美術史に注目していますが、十九世紀に西洋美術界を席巻したジャポニズムについて述べてみましょう。日本の浮世絵や屏風絵は、自然の美しさ、自然の自立性、自然の一部としての人間を描いていたのです。

それを受け取ったのが、絵画の革新を模索していた印象派の画家たちでした。初めてキリスト教ではないある確固とした世界の存在を感じ、それを受け取ったと、私は見ているわけです。

それは確かに感性、感受性の範囲で理論的なものではなかったかもしれません。しかし彼らには、日本の浮世絵や屏風絵が、自然を下に見るキリスト教の思想とは異なったイメージを再現していたのです。かえって理論的なキリスト教的批判ではなかっただけに、画家たちは新しい思想を自由に表現し得たのです。モネが描く自然、狂おしいほどの草木の描写、水の表現や人間を入れない自然の世界。あるいはゴッホは、浮世絵を真似しながら自然の世界にとらわれていくわけです。浮世絵をつくった日本人こそがわれわれの理想だ、というゴッホの日記の中の言葉は何を表しているのでしょう。

彼は、「この草の芽が、（日本人の賢者であり、哲学者であり知者である人物である）彼に、あらゆる植物を次に季節を、田園の広々とした風景を、さらに動物を、人間の顔を描かせるようにさせるのだ。……（日本人の）彼らみずから花のように、自然の中に生きていくこんなに素朴な日本人たちがわれわれに教えるものこそ、真の宗教ともいえるのではないだろうか」と明言しています。単なる異境趣味、あるいは外国の憧れというものの範囲を超えています。

西洋がもっていた一神教に対して、それとは違う信仰、キリスト教に代わって自然が置かれるという、ゴッホの主張があるのです。それはまさに日本の宗教が自然信仰というもの、「自然道」というものだったからです。

ゴッホは、あまりインテリではないから、そういうものにとらわれたといわれがちですが、それは間違いです。彼の鋭敏な感性が、日本の浮世絵から得たものは、自然こそが万物の中の主人公ではないかというメッセージです。自然が主人公で、自然からつくられた人間がそこにいるということを感じたのがゴッホです。ゴッホは日本を求めて南仏に向かいました。

モネはジブルニーで庭をつくり、日本人のような生活をしました。池をつくり、ハスの葉を植え、木の橋をつくり、そういう日本の自然道を体現したといってもいいと思います。

それ以後、その思想を受け継いで、西洋ではキリスト教にとらわれない絵画が次々と生まれます。その前提に立って、過去の伝統を否定し破壊しようとして出現したのが現代絵画です。ピカソが出たり、マチスが出てきたのもその例です。

現代はそういう自然を伝統と文化、つまりキリスト教的な過去の伝統として否定する、破壊することが芸術の前提となったのです。

人間は、たとえ科学の中、交通の発達した現代社会の中にいても、やはり自然の中にも生きているのです。そのことは、自然環境破壊を阻止しようとする運動さえ生み出しました。自然というのは、常に人間の体の中に、あるいはその人間の精神の中に深く宿っているわけです。周りが、環境がいくら機械化し、近代化といわれる技術を発達させた社会というものであれ、変わらないのです。

風景を楽しみ、自然の中にいるということは不変です。それが、まさに日本の「自然道」、「神道」の核心なのです。それは自然イコール神と見ていることに通じます。

そういう「自然道＝神道」こそを、現代の世界において、新たに意識され、未来の宗教として、人々に幸福感を与える共通な宗教として考えるべきだろうと思います。

コラム⑦　日本人は議論下手といわれる理由

日本人はよく議論下手だといわれます。西洋、中国人に対して常に負い目になっていることの一つです。実際、英語を学ぶ、あるいは論理的な言葉を学ぶときに、コンプレックスにも繋がっています。

私は留学した関係で四か国語を話しますが、西洋の言葉を使うときには、西洋人の気持ちになって話すようにしています。その国にいたとき、留学体験を思い出しながら、話すようにしているわけです。実際、そういう気持ちにならないと、議論もできないし、コミュニケーションもはかれません。

逆にいえば、議論するというのは、そういう体験が必要だということです。語学を習得するだけではだめです。留学して言葉を体得し、さらにその国の思考方法というか、その国の論理性を身に付けて初めて議論が成り立つわけです。

日本人の議論下手を克服するには、かなり長い期間にわたって留学させることです。知的な青少年にそういう機会を与えなければ、日本の議論をリードするエリートをつくることはできません。ぜひ文部科学省にはそのあたりを考えてほしいと思います。

一方、英語教育を若いときからはじめるということには私は反対です。日本語の言語感覚を身に付けない前に、別の言語を学ぶというのは不自然です。どちらの言葉も中途半端になってしまいます。これはこういうことです。日本人は、主体は原因ではなく、結果だと考えているからです。ということは、主体の判断は最後にするのです。日本語の構造でもわかるように、動詞は最後にきます。西洋語は主語の後、すぐに置かれます。それは日本では、自我というものが共同体の中で発揮されるものだと考えているからです。

そうした論理構造を、まず身に付けないと、英語を学んでも中途半端な人格になるだけです。

日本の言語感覚を身に付けた上で留学をする。それが日本語と対照的な西洋語を理解するためには必要です。カルチャーショックがあって初めて他国の考え方を受け入れられるのです。日本人のままで議論しようとしても、相手の国の人たちと議論が成り立ちません。日本語で議論の思考方法を身に付けさせた上で、相手の言葉で議論する。それで初めて噛みあうわけです。また日本人の考え方で短い言葉で表した俳句のような、あるいは和歌のような言葉でいっても議論になりません。

評論の大家といわれた小林秀雄は、実をいうと西洋ではほとんど読まれていません。彼の論理が日本的だからです。三島由紀夫の作品は、海外で翻訳しやすいということがいわれます。村上春樹も同じです。グローバリゼーションに即した文学と評価されています。表現が人工語的といってもいいかもしれません。

論理的なはずの小林秀雄がなぜ翻訳されにくいのでしょうか。論理を基調とする評論において、ベルクソンやバレリーを評論している小林秀雄でもです。

逆に禅的なもの、日本の伝統的なものを表現する哲学者系統が読まれているように、西洋では中途半端な思考方法を取る文学者は評価されないのです。

いずれにしても日本の哲学や禅など、西洋とは完全に対極に立つような考え方が注目されるだけで、日本の思想家がいないということが一般的にいわれるのは仕方がないことです。

日本は元々論理性を拒否してきました。それが神秘でないと知っている民族といってもいいと思います。思考力がない、論理がないというのではありません。別項で述べた和歌や俳句のように、すぐれた芸術表現ではあってもそこに論理は生まれてこなかったわけです。整然とした体系を生まない日本人が、議論下手になるというのは当然といえます。

だからといって日本人に論理がないわけではないのです。ただ一神教的な一神―人間―一主張という図式をとらないだけのことです。自然―人間―主張という図式には決して独断はありません。ロゴスの堕落はないのです。自然―人間が主体ですから、それに自然科学の追究も含んでいます。日本の科学者の目覚ましい活躍はそのことを示しています。直観や経験、実践を重んじロゴスは重んじないのです。

日本人は「理性」や「哲学」の思惟の自律性を認めません。それは誤りに導かれるだけです。「マルクス主義」の二十世紀の失敗はそれでした。いや実をいえば、一神教――ユダヤ教、キリスト教、イスラム教の誤りを明確にいえるのも日本人だけといってもいいでしょう。それは自然の多様性を、一つの信仰の形で信頼し、人間もその一部として許しあっているからなのです。それが神道――自然道をもつ日本人の姿なのです。

第八章　自然はどう語られてきたか

◉日本固有の信仰としてあった神道

日本の「神道」の歴史はたいへん古くからあるのですが、実際に「神道」という言葉が最初に使われたのは、八世紀初頭の『日本書紀』で、用明天皇の条にある「天皇、仏法を信《う》けたまひ、神道を尊びたまふ」という文章です。明らかに仏教と対比させて、神道の言葉が出たと考えられますが、すでに日本固有の信仰であることを明確に示しています。

その神道は仏教と並んで白鳳時代の七世紀の後半から奈良時代の八世紀にかけて律令制により神祇官が置かれ、祭祀が国家的に行われていました。平安時代となってあらたに神道は全国に朝廷や国司が祭る神社とともに組織化され、『延喜式《えんぎ》』にその一覧表がつくられました。平安時代末期には、神仏習合の動きが、「本地垂迹説」となって本格化し、熊野三山のような山と仏の浄土と一体化する姿の中に実現されていきました。「両部神道」とか「山王一実神道」などが生まれたのもこの頃です。

鎌倉時代となると源氏の氏神として八幡神が、武士の守護神として信仰が広められました。幕府の基本法となった『御成敗式目』でも、「神社を修理し祭祀を専らにすべきこと」と定められ、武士と神道の関係がさらに緊密になりました。

「伊勢神道」と呼ばれる伊勢神宮を中心とした神道の動きは、仏教と離れる傾向を示し、神主仏従説が強くなってきました。外宮《げくう》の豊受大神《とようけのおおかみ》を天御中主神《あめのみなかぬしのかみ》、または国常立尊《くにのとこたちのみこと》と見立て、内宮《ないくう》の天照大神とともに、伊勢神宮信仰を強化して神道の中心に置こうとしました（度会神道）。この伊勢神道は、吉野朝（南朝）の北畠親房《ちかふさ》に大きな影響を与え『神皇正統記』などの天皇の系譜を明らかにする考えの基本となりました。

室町時代の末期になると伊勢神道に代わって、「反本地垂迹説」の立場に立って「神本仏迹」を唱える京都吉田神道が成立しました。興味深いのは、「吾が日本は種子を生じ、震旦《しんたん》は枝葉を現し、天竺《てんじく》は花実を開く」とし、仏教はその花実、中国の儒教は枝葉だと述べたことです。日本の神道が種子だといい、「万法の根本」だと自負したのです。「吾が唯一神道は天地を以って書籍と為し、日月を以って証明と為す」（『唯一神道名法要集』）

藤原鎌足の言だとするこの考え方は、神道が仏教との習合に拘泥《こうでい》するのでなく、神道を思想化する態度の基本となりました。しかし「天地」や「日月」は神々と連続するものではなく「書籍」だ、とするという考え方は、神々を「天地」「日月」と同一視する「自然道」には至りませんでした。「天地」「日月」即ち「自然」が神々の誕生以前に立派に信仰としてあったことに気付いたのは、江戸時代に入ってからと思われます。

江戸時代になると、幕府は全国の修験者を本山派か当山派に所属させ、山伏の遊行を禁止しためめ、彼らは町や村に定着して、加持祈禱《かじきとう》などの呪術的活動を専門にしました。
それでは江戸時代からの神道を少し詳しく見ていきましょう。

◉江戸時代の「自然道」の形成

日本では、「神仏習合」という現実的な宗教の在り方と、信仰と生活の融合という自然な姿がありました。たとえば稲作などの農耕の知識や生活における自然の関係などを、自然への信仰という形で学んでいたのです。そして自然に対する祈りが、神道における感謝の祭りや、仏教に対する法事という形で祭礼化していったのです。

これが江戸時代になっても続きます。江戸時代は儒学を根本哲学にしながら、自然の秩序あるいは道徳が自立していったのです。

朱子学や陽明学の内容を見ても、この自然というものが重要な役割を果たしていて、決して道徳がそれだけで自立したものではなく、自然というものに従うという考え方があることに気が付きます。

たとえば朱子学派の儒学者である林羅山《はやしらざん》（一五八三〜一六五七年）は、「天地自然ノ性」「自然ノ道理」「物理自然」という言葉を使っています。

「自然ノ理ノ序」という言葉は、自然というものが、本来の神道のこれまで語ってきた自然観と共通していると感じられます。

他の儒学者も同じような考えをもっています。たとえば藤原惺窩《せいか》（一五六一～一六一九年）にしても、山崎闇斎《あんさい》（一六一八～一六八二年）にしても、自然という言葉をしきりに使います。「自ずから」という意味ではなく、山、土、天地、そういう伝統的な概念としてです。佐藤直方《なおかた》（一六五〇～一七一九年）という人は「天地自然」ということをいっています。神道的な自然の概念をもっていたと考えられるわけです。

つまり江戸時代は、日本の仏教も儒教も神道あるいは「自然道」の流れを汲《く》んでいる、しっかりと受け入れているということが理解できます。

たとえば山鹿素行《やまがそこう》（一六二二～一六八五年）は、自然という言葉をたくさん使っています。彼の『聖教要録』という本では「道ハ天地ノ間ニ在リテ、人物ハ自然ノ儀則アリ」「古詩ハ自然ノ韻《いん》、叶《かな》フナリ」としきりに、「自然」という言葉を使って、人間も自然の一部だということをいっています。

むろんこの自然という言葉は、「ネイチャー」の訳ではありません。日本の伝統の中で、たとえば『古事記』や『日本書記』や神話の中で語られている「自ら然り」や「天地万物」の自然です。

江戸時代の思想家を当たると、それだけで一冊の本が出来ますが、本書では簡単に要約して述べてみます。

たとえば伊藤仁斎《じんさい》（一六二七〜一七〇五年）も「自然」という言葉を使っています。必ずしも多くはありませんが、「自然ニシテ然リ」「自然ニシテ至リ」、そして「自然ノ理」、「自然ノ符」といった言葉です。

ここでも、単なる「自ずから」という意味だけでないことは、彼の書物を読めばわかります。この自然というものの意味の中には、「天地」という意味を含んで語っていることが示されています。

先ほどの山鹿素行の『山鹿語類』などにも「天地有レバ乃《すなわ》チ人物有リ……是レ天地ノ自然」「同気相求ムルハ天地ノ自然」という「天地ノ自然」という言葉がたくさん使われています。元々の「天地」と「自然」というものが一体化しています。そしてこの中に万物も含まれているという意味を十分見てとることができるのです。

古学派といわれる荻生徂徠《おぎゅうそらい》（一六六六〜一七二八年）も、典型的な漢学派と思われる人たちも、基本は、自然という言葉、「天地」という言葉を使っています。「天地造化」——天地と結び付けて自然という考え方をもっていたということです。

江戸時代をこうして見ていくと、人間の社会そのものが自然の中で営まれているという、日本人の自然観が継続されているのがわかるのです。

◉国学の中の「自然」

一方、神道国学系といわれる人々も、当然この「自然」という言葉を使っています。

「三国ノ道モ各々其ノ土地ノ自然ニ因テ立タルモノゾ……是皆其々ノ国土ノ自然ニヨツテ道ハ出来タルモノゾ。我大日本国《おおやまと》ハ、神ノ教ノ道ガ自然ノ教ヘナリ」

三国とは、日本と天竺《てんじく》と中国です。江戸時代の外国といえば、ここを指す言葉です。

日本では『記紀』、特に『日本書紀』がこの時代では基本書でした。そこに神が出てくるわけですが、この神々の教えももとはというと、「自然の教えなり」ということをいっています。

西洋の神が自然を支配するということとはまったく違う概念です。神と神の教えも結局、自然の教えだということをいっているわけです。

自然が決してキリシタン語でいう自然、「ナトゥーラ」ではないし、明治以降の言葉ではないということを繰り返し強調したいと思います。

伊勢外宮の神官の度会延佳《わたらいのぶよし》（一六一五〜一六九〇年）なども、「天地自然の道の、かの国この国ちがひなき、是ぞ神道なるべき」といって、「神道・儒道其旨一《そのむねいつ》」を説いています。自然をそれぞれが天地自然、天地という意味を込めているのです。

賀茂真淵《かものまぶち》（一六九七〜一七六九年）は「自然」を述べませんでしたが、「ちよろづのもの、母なる天地」といっています。賀茂真淵は『国意考』で古道の存在を示し、弟子だった本居宣長（一七三〇〜一八〇一年）も『古事記伝』を完成し、その第一巻におさめられた「直毘霊《なおびのみたま》」で『記紀』で見出された「神の道」を示して、神道の本来の意味を主張しました。

◉天皇と神道の関係

本居の「神」の定義で有名なのは、「鳥獣木草のたぐひ、海山など、其余何《そのほか》にまれ、尋常《よのつね》ならずすぐれたる徳のありて、可畏き物を迦微《かみ》と言ふなり」（『古事記伝』）という言葉です。自然だけでなく人間まですぐれて徳のある人物は神となるといっています。しかし、それ以上にこの神が、神話の神にもつながっているのです。

本居が神という言葉を使ったときに、日本固有の神々のことを語り、そしてその基本は「天地のおのづからなる道」だったと述べています。

さらに本居は「直毘霊」でこういっています。

「そもそもこの道は、いかなる道ぞと尋ぬるに、天地のおのづからなる道にもあらず、人の作れる道にもあらず」、自然の道というものがあり、「世の中のあらゆる事も物も、皆悉《ことごと》に此の大神のみたまより成れり……故是以《かれこれをもて》神の道と申すぞかし」。この神は天照大神以来の天皇の道を述べています。ここにまさに「自然道」の根本を語っていると感じられます。

しかし、天皇の統治をつくり出す「神の道」というものも、基本的にはそれが「自然の道」という概念を自らいっているものと思われます。

「凡《すべ》て此《この》世中の事は、春秋のゆきかはり、雨ふり風ふくたぐひ、又《また》国のうへ、人のうへの吉凶《よしあし》き万事《よろずのこと》、みなことごとに神の御所為《みしわざ》なり」

これは明らかに神は「自然」ということに重なっているのです。神をことさら取り上げて一神教のような意味をもつと考える必要はないと思います。

本居はよく「異道《あだしみち》」とか「漢意《からごころ》」といって、中国のことを批判しています。

「漢国《からくに》には……天道・天命・天理などといひて、これをうへなく尊《たふと》く畏《おそ》るべき物とすなる。……そもそも天は……心ある物にあらざれば、天命などといふことあるべくもあらず……」

中国には、「自然の道」はないということをいっているわけです。

また彼は随筆の『玉勝間《たまかつま》』では次のように語ります。

「天地は万物を生育する物と思ふもひがことなり、万物の生育するも、みな神の御《み》しわざなり。天地はただ、神のこれを生育し給ふ場所のみなり、天地のこれを生育するにはあらず」

この場合の神も、天地とは別のものをいっているかに見えますが、この神は「自然」と一体となっているもので、「自然」の上にあるという意味ではありません。

神という言葉の中にエネルギー、あるいは一つの強い起因力を想定して「神の御心」といっているのです。同じ神であっても決して一神教の神ではないのです。

「此大地に空にかかりたらんか、物のうへに着《つき》たらんか、いづれにしてもいといと奇異《あやし》き物なり」(「くず花」)

神という言葉に、不可思議な力を感じているのです。本居宣長ほど日本の「神道＝自然道」を語っている思想家はいません。

◉知識人の中に流れる「自然」

ほかにも長崎の天文学者・西川如見《じょけん》(一六四八〜一七二四年)は、「畢竟《ひっきょう》人間は根本の所に尊卑有るべき理なし。……況《いわん》や人間本心において何ぞ貴賤の差別《しゃべつ》あらん」といっています。

これを人間平等論として社会的な意味を汲み取ろうとする史家もいますが、これは自然の中に生まれれば貴賤の差別などないのが当然だという意味です。

西川如見は、著書『町人嚢』の中で、「四民は天理自然の人倫」といっています。これも自然から生まれれば誰でも平等だという考え方です。決して西洋でいうような社会の中の平等ではなく、人間はもともと自然の一部として平等に生まれているということをいっているわけです。

これは普遍的な思想です。西洋のいわゆる啓蒙哲学、神から与えられた平等ということをいうよりも、人間は元々平等に生まれてきている、それは自然そのものが、平等であるからだというほうが、はるかに普遍的といえます。例外はルソーです。彼にはこれに似た考えがあります。人間が自然状態においては平等で、お互いに配慮しあって生きているというのです。ルソーは日本のことを一言だけ言及していますが、おそらく日本の自然のことを知っていたのでしょう。

西川如見には『日本水土考』や『水土解弁』という本があります。「水土」という言葉を使っていますが、これは明らかに自然のことです。「自然概念」がこの日本の科学者によってつくられ、それが西洋の「ナトゥーラ」と重なりあっていることを明確にしています。同時にそれが信仰につながっていることを、『日本水土考』で示唆して、次のように語っています。

「この国を神国と為すの義は、水土自然の理ならんか」

「神国」というとナショナリズムの言葉のように聞こえますが、この「神の国」ということ自体に「自然の国」であるという意味を重ねています。日本の神は「自然」に依拠する神であるということです。

この「自然」が「理」をもって人々を導く。それを認識するのが人間であり、それを身に付けると「徳」となることを述べています。

「自然」という存在そのものが秩序であり、同時に一つの摂理をもっているという強い信頼感は信仰そのものといっていいと思われます。

たとえば農学の分野でも、『百姓伝記』（一六八〇年頃刊）、『農業全書』（一六九七年刊）を書いたのが宮崎安貞《やすさだ》（一六二三～一六九七年）です。農業に関するいろいろな考察が書かれています。すべて「天地・陰陽」「天地ノ生理」、あるいは「天地ノ造化」という言葉を述べて、自然というものに対する深い信仰の念と同時に、それを科学的にも分析しようとする意図が感じられます。農耕の具体的な経験をもとにした、技術の綿密なる考察も、そこから出ています。こういう農学の本が「自然の道」を示していると考えられるのです。

天文学者では志筑《しづき》忠雄（一七六〇～一八〇六年）がいます。彼はニュートン科学に基づく『暦象新書《れきしょうしんしょ》』（一八〇二年）という本を書いています。すでにニュートンが日本に伝わっていたのも驚きです。『暦象新書』は、ケイルの『本来の物理学・天文学の入門』の意釈書だといいます。この本の中でケイルは「ナトゥーラ」という言葉――西洋語の「自然」という言葉を使っていますが、志筑は「自然」と訳さずにすべて「天地」と訳しています。

日本の「天地」というのは、「ナトゥーラ」と合体することです。つまり同意義をもつということをいっているわけで、万物を含めるという意味が込められています。あらゆるものが自然から生まれたものだ、あるいは天地から生まれたものだという認識があるのです。「自然概念」が日本の科学者によってつくられ、同時にそれが一つの概念として「ナトゥーラ」と重なりあっていることを明確に述べています。

山鹿素行の「天地自然」、西川如見の「水土自然」、志筑忠雄の「万物」を含んだ「天地」など、あらゆるものが自然を根幹として、自然を日本人の思想の根源として考えているように思います。

茶道家もまた次のように語ります。江戸時代の茶人・立花実山（一六五五〜一七〇八年）は、千利休の『南方録』を解説した『壷中炉談』の中で、「露地草庵は……自然・天地の妙所也」と書き、露地や草庵までみな天地、「自然天地」を凝縮したもの、あるいは抽象化したものというふうに考えるのです。

俳諧の師として名高い松尾芭蕉《ばしょう》（一六四四〜一六九四年）は「自然は造化《ぞうけ》」という言葉を使っており、「風雅におけるもの、造化にしたがひて四時を友とす」「造化にしたがひ、造化にかへれとなり」「山野海浜の美景に造化の功を見」（『笈《おい》の小文《こぶみ》』）と述べています。これはもう明らかに日本人の根本的な「天地」の思想をいっているわけです。

有名な『奥の細道』では「造化の天工、いづれの人か、筆をふるひ詞《ことば》を尽さむ」と述べています。つまり、あらゆる文学のもと、一つの芸術の創造のもとが、「自然の造化」であるといっているのです。

文学も同じです。井原西鶴《さいかく》（一六四二〜一六九三年）も人情の機微を表現するときに、この時代の、自然のさまざまな機微、造化の機微というものに通じていました。西鶴は、必ずしも自然あるいは「山水」のことは述べていませんが、町人ものの小説でさえ、人間の営みそのものが「自然」の造化であるという観念が見てとれるのです。

日本のシェイクスピアといわれる近松門左衛門（一六五三〜一七二四年）にも、そうした「自然＝人間道」の意味合いが感じられます。

◉安藤昌益の自然観

こうした「自然」観を「道」に結び付けたのが、安藤昌益《しょうえき》（一七〇七頃〜一七六二年）でしょう。自然科学を日本で語った最初の人として評価されています。安藤昌益の研究家として知られる寺尾五郎氏は著書『「自然」概念の形成史』で、自然を「ナトゥーラ」として考えた最初の人が昌益だと見ていますが、私はそうは考えません。

造化、天地などそれ以前に述べられていた人々の自然観に「ナトゥーラ」が込められているということがわかるからです。

確かに安藤昌益が、「自然真営道」といって、「道」という言葉を最初に使いました。まさに私がこれまでいってきた「自然道」という言葉に、「真営」という言葉を加えているのです。「自然真営道」とは、自然が真に営む道をある意味で概念化しているわけです。自然が真の運動法則をもっているということを「真営道」と呼びます。神道という言葉に代えて「自然真営道」といっているわけです。

「自然ノ全体ハ無始無終ノ天地ナリ」

天地の全体は無始無終、つまりはじまりも終わりもない自然なりといっています。「自然と転定は同時なり」ということをいっています。「転定」＝転と定めるという言葉を使って、「てんち」と読ませます。これはそれまでいわれてきた思想家の言葉を、「自然真営道」という言葉でまとめたものといってもいいと思います。

この「転」と「定」で「てんち」と読ませるのは昌益の独自の表記ですが、「自然」の活動と安定の意味を込めているのでしょう。実体としては天と海と「中土」の大地を合わせて「自然天地」という意味だと語っています。これがまさに「自然」という概念で、ギリシャ・ローマの自然概念とよく似ています。

「自然ト言フハ五行ノ尊号ナリ。此ノ五行、自《ひと》リ然《し》テ大イニ進退ヲ為《な》シテ転定《てんち》ト為リ……日月星辰ト為リ、然シテ此ノ精神、中土ノ上ニ凝見シテ成ル者、男女ノ人ト生ス」。つまり男女、人間も「自然」から生まれるものだということを強調し、また、「自然」は永遠の自己運動の過程にあるととらえたのです。それは近代の自然科学の考え方と同じであるといえます。

「天地自然」はそれ自身の力で存在し運動しています。これを西洋では神が動かしていると考えるわけですが、日本人は元々自然が自らやっているととらえます。そしてそれに畏怖の念を抱き、超越的な力を感じるという信仰過程をたどっているので、神道を現実的なものとしてとらえて、帰依の精神を生み出すことになるわけです。

安藤昌益の考え方は、ある意味で、世界の科学、あるいは現代の哲学、宗教を含めた一つの大きな思想となるものです。それ自体が「自然道」として世界の宗教になり得るということです。宗教という言葉が、一神教を指していうことではなくなるわけです。個々の人格も不可思議な「自然」が形成したものです。

安藤昌益の思想は思想史上埋没してしまったかもしれませんが、こうしたことは、すでにすべての人々が感じていたことで、誰も違和感を抱くことなく、取り込んでいったと思われます。

安藤昌益が農民であったことから、農民の思想として評価されますが、それ以上に、日本人の伝統的な考え方をまとめたもので、「自然」への愛情、賛嘆の念に基づく宗教として考えることができるのです。昌益は、決して孤立した思想ではなく、これまでの日本の「天地」観、「自然」観をまとめて「自然真営道」という言葉で総合したといえるでしょう。

それ以後、三浦梅園《ばいえん》（一七二三～一七八九年）も『元煕《げんき》論』で「自然哲学」を次のように述べています。

「名づけやすからざる者あり。暫《しばらく》かつて一元気といふ。元気宇宙に充満して秋毫の末をものこさず。よくわかちよくあはせ生々化々して端倪《たんげい》をみず」

これはまさに「自然」の森羅万象の渾沌とした動きを見つめて、そこから一つの道があるということを語っていると思います。

「曰《いわ》く天地、曰く男女、曰く生死、曰く禍福、行として此の対をのがるものなし」といっており、「自然」の「元気」という言葉を使って、エネルギーを強調しています。

友枝龍太郎（一九一六年～）という人も「自然学」というものを意識しています。科学というもので「自然」を探索することが、ある意味で信仰であることを述べはじめているといってもいいでしょう。

この時代の科学者は唯物論的な科学を研究するだけではなくて、昌益が「真営道」という言葉を使って信仰を含めた宗教としての科学を追究しているところに、私は日本の思想を見るわけです。

『元煕論』には、「方は造作なり……円は自然なり」とか、「自然而使然」、すなわち使える然という考え方をするのです。

「使う然」と書いて「しからしむ」と読みます。自然信仰を元々の中国から来る陰陽の考え方を含めて、それを日本の「自然学」にしているわけです。

たとえば梅園の主著の『玄語』においては、「若《も》シ自然ヲ以テ本然ト為サバ、則チ孰ガ之ヲ然ラシムルヤ、若シ使然ヲ以テ本然ト為サバ、則チ奚《いずく》ンゾ自然ヲ容レン、使ハ神ノ貌、自ハ天ノ貌。天ハ則自然也……地ハ則使然也」といっています。自然というものが、神や天の概念をもっているというのです。

自然は神と置き換えていいわけです。ここで注意すべきなのは、キリスト教やユダヤ教の神とは違うことで、神が自然をつくったのではなく、自然を神という言葉で呼んでいることです。日本の場合は「神＝自然」です。

一見これは無神論あるいは唯物論という言葉で規定できそうに見えますが、自然そのものを信仰の対象とする、そういう気持ちが自ずから見えてきます。よく「お天道さま」という言葉で表される自然信仰です。人格神を信仰するということが宗教であるという概念と異なる概念がここに厳然としてあるわけです。

それは「信仰」ではないのではないか、と「近代」ではいうかもしれませんが、宗教というのは不可解なものを対象にしたとき、生まれるものなのです。証明もできない神ではなく、証明できる「神＝自然」なのです。一神教そのものが間違いであるということを、われわれの信仰の歴史が語っているのです。

◉科学を受け入れる自然観

たとえば梅園よりも二十歳以上若い司馬江漢《しばこうかん》（一七四七〜一八一八年）は『独笑妄言《どくしょうぼうげん》』で、「大地は地球とて象渾円《こんえん》にして……一旋転して昼夜をなす」と、一回転して昼夜をなすという地動説をしっかりと理解していたわけです。司馬江漢はオランダからの蘭画を研究していて、初めて洋風画を描いた画家です。

すでにコペルニクスのことを知っており、地動説を受け入れているのです。地球という概念があっても、唯物論的に分析するのではなく、自然への畏怖の念を起こすものとして彼は絵画に描こうとするのです。それは決して自然道、天地の考え方を壊すものではないということもいっています。

「天地」といえば、限定した自然観だと思われがちですが、ここから宇宙論が発達すれば自然科学が発達しますし、それ自体にある種の自然の脅威というものを感じるとき、感性をもって

「科学」するという気持ちが生じるのです。

分析する冷静な科学としての自然の見方、同時にまたそれに脅威を感じることによって大地の窮理《きゅうり》というか大地の性を感じることができるわけです。それが日本の自然道、神道の基本というわけです。

彼はまた『春波楼筆記』では「今、西洋の天学、万造の窮理を以て考ふるに、天地の中、一つとして静まる者更になし。日輪・五星・地球・月、皆動き旋り、一刻も留まらず。元より生類・人間走り動き……物欲・色欲・飲食欲、貴も賤も此欲の為に静まる事能はず。活きたる者の性質なり」と書いています。

ここにあらゆる万理万象が「自然」の中にあり、人間の欲望も、生きる者の性なのだといっているのです。神道という言葉をここでは使っていませんが、これは神道というものが日本人の思想の元、考え方の基本にあるということをいっているのに等しいといえます。

山片蟠桃《やまがたばんとう》（一七四八〜一八二一年）は『夢の代』という書物を書いています。彼は儒教・仏教・神道に通じており、さらにオランダ学の知識もあって地動説も学んでいます。大地は球形であるということや、力、重力の概念を知っていました。彼は無神論を主張しています。

きわめて「近代的」な自然観をいっているのですが、だからといって、感性的な「自然」に対する見方、つまり信仰を捨てているわけではありません。

無神論というと、宗教を捨てたようにいわれますが、それはそうではなくて、不可思議なもの、混沌という自然というものを認め、それを人格神とする必要がないという考え方です。「万物ハ天地自然ノモノ也」ということは、人間を含めてすべてのものが大地自然に属しているというのです。それ自体がネイチャー、つまり自然界だというのです。神道の基本的な考え方といってもいいと思います。

これ以後、さまざまな思想家たちの書物を読んでも、みなこの考え方をしているといえます。これが日本人の誰もが考える思想なのです。日本の宗教の基盤なのです。

思想家でなくても、たとえば山東京伝《さんとうきょうでん》（一七六一〜一八一六年）のような洒落本《しゃれぼん》の作者も『令子洞房《むすこべや》』という遊里《ゆうり》での心得を書いた本の中で、

「此方の実をもって、女郎の実を得る。天然自然の徳あるを粋といふなり」

と記しています。この「天然自然」という何気ない言葉も、神道の基本的な考え方を示しているのです。

二宮尊徳（一七八七〜一八五六年）の思想もそうだと私は考えます。彼は農業を自ら実践した思想家ですが、次のように述べます。

「天理に任するときは、皆荒地となりて、開闢《かいびゃく》のむかしに帰るなり。如何《いかん》となれば、是即ち天理自然の道なればなり。人道は……皆人の身に便なるを善とし、不便なるを悪とす。爰《ここ》に到り

ては天理と異なる。如何となれば人道は人の立つ所なればなり。されば……やかましくうるさく、世話をやきて、漸《よう》く人道は立つなり。然るを天理自然の道と思ふは大いなる誤りなり。天理と人道とは格別のものなるが故に、天理は万古変せず、人道は一日怠れば忽《たちま》ち廃す。されば人道は勤むるを以て尊しとし、自然に任ずるを尊ばず」

二宮尊徳は、人のやることは常にいろいろな意味で「自然」と違った動きをするということ、天理と人道は違うということを述べています。

しかしこのことは天理を基本にしているということで、それ自身「自然」のことです。人道はそこに人間の意思が働くから、怠ってはならぬといっているのです。しかし人間は往々にして、なにかと世話やきで、人道というものを天理自然の道とは違ったものにしてしまう、といっているのです。

◉幕末にも受け継がれる「自然」

横井小楠《しょうなん》（一八〇九～一八六九年）や佐久間象山《しょうざん》（一八一一～一八六四年）など、幕末の思想家も「天意自然の理」を説きます。

佐久間象山は、「貴賤尊卑の等は天地自然。礼の大経に之有り」と述べて、「自然」という言葉を「自ずからそうなる」、大地山水の姿の道理を説いているといっています。

西郷隆盛（一八二七～一八七七年）は『南洲翁遺訓《なんしゅうおう》』で、「忠孝仁愛教化の道は、政事の大本にして、万世に亘《わた》り、宇宙に弥《わた》り、易《か》うべからざるの要道なり。道は天地自然のものなれば、西洋と雖《いえど》も決して別なし」と語っています。

「天地自然」そのものは西洋も変わりないはずだ。天地自然というものは日本も西洋も共通するものだ、と卓見を披露しているのです。

西郷は、あらゆる道徳が忠孝仁愛教化を目指しており、道徳も「自然」に基づくものだということをいっています。この漠とした考えもつきつめれば、「自然道」です。こういういい方が西郷の大きさを感じさせるのだと思います。

西郷は誰かに従え、宗教に従えなんていいません。元々の日本の思想をいっているだけです。「自然」は何だということを厳密にいいはじめると、おそらく曖昧模糊《あいまいもこ》になることを知っているのです。

言葉ではつかめない世界が大自然にはあるのです。われわれもその一部分となって動いているということです。それは一つの信仰でもあります。宗教といってもいいでしょう。

◉明治以降の「自然」

明治期の日本の「近代」でも、そうした考え方が変わらなかったことは驚きでもあります。西洋の人々のように「神」の下に「自然」があるとは考えませんでした。

明治以前の思想家たちに、日本人の伝統的な自然観があったために、西洋のいろいろな思想が入ってきても、その基本は変わらなかったのです。

それは確固たる信仰でもありました。

日本人は自然というものを人格化する。あるいは抽象化して観念化するということをしないがために、その信仰が宗教には見えないだけのことです。ですが、そこにはすでに信仰というものが、十分に感じられるのです。それを私は宗教と呼んでいいと思います。

すでに江戸時代に入ってきていたアリストテレスのフィジックの考え方は、オランダ語でNaturkundeと訳されていました。日本の蘭学者は、それを「窮理学」と呼んで理解していました。

川本幸民（一八一〇〜一八七一年）は『気海観瀾《かんらん》広義』（一八五一年）に次のように述べています。

「ヒシカは和蘭にこれをナチュールキュンデと云ひ、先哲訳して理学と云ふ。天地・万物の理を窮むる学にして、上は日月星辰《じつげつせいしん》より、下は動植・金石に至るまで、其の性理を論弁し……」

すでに「ナトゥール」の本質をとらえているといってもいいと思います。

日本に来たドイツ人医師のヴィルヘルム・フーフェラントという人の主著が、緒方洪庵《おがたこうあん》（一八一〇〜一八六三年）によって訳されています。『扶子経験遺訓』（一八五七年）という本です。末尾に、医を戒めると書く「医戒」という一文があって、その中に、「自然回復力・自然治癒力」に当たる言葉が出てきます。これは、「おのずから」という意味ですが、自然があるからこそ、回復するという考え方です。

『解体新書』を著した杉田玄白（一七三三〜一八一七年）はそれを「良能」といっています。人間の中に自然があり、それが自然に人間を回復させる、治癒するということが、医戒、医者の基本だということをいっているわけです。ここに自然のおのずからの力を信じる信仰があるのです。

「ナトゥーラ」というのは、客観的なサイエンスが対象とするものだと思いがちですが、それ自体が、こういう自然への信仰を基にしてできているということに、ここで気が付く必要があります。

われわれはこれまで常識と思っていたものが、ある意味で「信仰」に基づいていたということとを認識する必要があるのです。

宗教というと、何か一つの自立した信仰世界と考えますが、人間の体のこと、能力のこと、そしてこの自然の動きそのものへの信頼、つまり自然への信仰があったからこそ生きていけるのです。それ自体を自然と呼ぶもので、自然信仰があるからこそ、科学が生まれるということです。これが明治以降のさまざまな西洋医学、西洋科学の導入につながっているのです。

自然を認識したのは、西洋科学を入れたためではないと思うほうがいいのです。もともと日本に自然信仰の基礎があったからこそ、西洋学を取り入れることができたのです。

◉夏目漱石の「則天去私」と正岡子規の「写生」

たとえば森鷗外《おうがい》（一八六二〜一九二二年）などは、宇宙、造化、天地山川というものを「自然」と述べ、それを西洋の「ナトゥーラ」と重ねて考えるということを述べています。

夏目漱石《そうせき》（一八六七〜一九一六年）にしても、イギリスの文学を読んで、英国詩人の表現する自然のことを天地山川と表記しています。最後に日本の伝統的な考え方を西洋の「ナトゥーラ」に合わせているのです。漱石は「則天去私」という言葉を使いますが、それこそ「自然に帰れ」という内容をもっているのです。

繰り返しになりますが、日本に西洋の概念が入って来たから、科学がはじまったのではなく、日本にはもともと天地山川という考え方があり、それを「ナトゥーラ」という言葉に重ねただけのことだということを認識すべきなのです。そこに日本人の理解力、何が重要かということの選択眼の素晴らしさがあったのです。

正岡子規《しき》（一八六七〜一九〇二年）は、「写生文」のことを次のようにいいます。

「写生といふ事は、天然を写すのである」（『病床六尺』）。

つまり人間の作為よりも、現実の自然、天然を写す。それこそが深い意味をもっているということをいっているのです。

国木田独歩《どっぽ》（一八七一〜一九〇八年）が『武蔵野』で、「ここに自然あり」というときに、それは人間の生活も含んでいるわけです。生活と自然が密着した場という意味で『武蔵野』を語っているといってもいいでしょう。

独歩は『欺《あざむ》かざるの記』でも、「吾は自然のうちに構成せしめん」と書いています。自然に従うこと、自然というものを見出すことによって、文章を構成していくというのです。それが「自然主義」文学という言葉で呼ばれるわけです。

同じ時期に、志賀重昂《しげたか》（一八六三〜一九二七年）は、『日本風景論』を書いています。これも有名な本で、「日本江山《こうざん》の洵美《じゅんび》……浩々《こうこう》たる造化、その大工の極を日本にあつむ。……日本風景の瀟洒《しょうしゃ》、美、跌宕《てっとう》なる」という文体で、日本の気候や海流や地質や生物、景観を語っています。自然界を地質学的に解明して、美学的にも鑑賞しようとしています。

この日本の「美学」という観点から志賀重昂の『日本風景論』は、非常に示唆的なものがあります。「美学」は、美しさというものが、自然の極み、自然の微妙な動き、そういうものを対象化したときに、「美」であると感じます。

自然への観察の中で、普段気が付かないものに気付いたとき、それが「美」となるという考え方が、和歌の世界、俳句の世界で表されるものなのです。そこに日本人の想像力、日本人の芸術の基本があるのです。

志賀重昂は、「自然界」を「自然の大活力」「自然の大妙」という言葉を使って解釈しています。

島崎藤村《とうそん》（一八七二～一九四三年）も、ルソーの『懺悔録《ざんげ》』に刺激されて、「直接に自然を観ること」を学んだといっています。「自然の裡に躍り入る」という、自然への開眼というものが、彼の小説のもとだということを述べています。

徳富蘆花《ろか》（一八六八～一九二七年）の『自然と人生』や久保天随《てんずい》（一八七五～一九三四年）の『山水美論』でも、「美」というものが、必ず自然の観察をもとにしていると述べられています。これが『万葉集』から変わらない日本人の思想です。これだけ一貫している日本人の思想というのは、自然との親近性の賜物でもあるし、日本の自然の豊かさの賜物でもあるのです。自然というものへの理想化が一貫しており、これは日本人の独特の思想でもあるのですが、それはあまりにも自然なことなので当の日本人が、主張すべきことでもなんでもないと感じているにすぎません。

◉画家たちは自然をどう見ていたのか

アントニオ・フォンタネージ（一八一八～一八八二年）が、お雇い外国人として来日し東京美術学校で教鞭《きょうべん》をとっていたとき、彼は、「今後は一途に天然を師として勉強せよ」と絵描きたちに述べています。自然の写生、「人体や静物ではない自然景」の描写を心掛けるよう強調しています。それは「リアリズム」という意味を含んでいますが、自然というものを重視する日本の絵画を、さらに続けていくべきだという彼の希望を述べているのです。

若くして死んだ画家に、「外光派」といわれる青木繁《しげる》（一八八二～一九一一年）がいます。同郷の坂本繁二郎（一八八二～一九六九年）に宛てた手紙の中で、「自然に対する我輩の信仰の態度」を論じており、自然を信仰しているということを吐露《とろ》しています。

小杉天外《てんがい》（一八六五～一九五二年）もまた、『はやり唄』という著書の中で、「自然は自然である。善でも無い、悪でも無い。美でも無い、醜でも無い。ただ或る時代の或る国の或る人が、自然の一角を捉へて勝手に善悪美醜の名を付けるのだ」といっています。非常に興味深い言葉です。

自然というものは、意識するしないにかかわらず、本来あるということです。それをいろいろな時代の中で表現するとき、人によって違う見方でそれを解釈しています。さまざまな見方で「群盲象をなでる」ということになるわけです。

いずれにしても、そこに自然というものの大きさがあるのです。この時代、自然という言葉が定着し、「天地」という言葉は消えていきましたが、その意味は同じです。

戦後、「自然破壊」が進んだと喧伝《けんでん》され、環境保護運動が起こりました。しかし実際、そんなに破壊されたのでしょうか。日本の国土の三分の二は山林であるというその国土は変わっていません。

われわれは戦後、自然を忘れさせられようとしました。しかしそれは意図的に誇張されたイデオロギーによるものなのです。伝統と文化は「自然」と「神道」と重なっています。神道が否定されたり、国家宗教ではなくなったからといって消えるものではありません。

文化人類学者のレヴィ・ストロースは、日本に五度訪れていいました。「宇宙のあらゆる存在に霊性を認める神道の世界像は、自然と超自然、人間の世界と動物や植物の世界、さらに物質と生命とを結び合わせるのです」（『月の裏側』）。これこそわれわれの思想なのです。まさに「神道＝自然道」の普遍性を語っているのです。これが世界における「神道」の普遍性の根拠なのです。

コラム⑧　「三種の神器」とは何か

「三種の神器」というと、戦後はテレビ、洗濯機、冷蔵庫などといわれて、もとの意味がわからないようになってしまいました。「神器」などという言葉も、時代遅れの産物のように使われます。しかしそれは戦後、GHQによる「憲法」や「神道指令」などのように、日本人を「神道」離れさせるという方針に、マスコミがのったからです。学校でもそれが何かを教えません。これは大きな意味での、日本人からその宗教伝統を忘れさせようとした、占領政策の謀略だったのです。

しかしそれは戦後においても、しっかりと受け継がれている、皇祖霊信仰の象徴としての「三種の神器」なのです。営々と百二十六代受け継がれた、日本の国家の元首である天皇家によって受け継がれてきたことを忘れてはなりません。私は神道には自然信仰、御霊信仰、そして皇祖霊信仰があるといってきましたが、まさにその皇祖霊の象徴の形が、「三種の神器」だったのです。

日本人、誰しもが、昭和天皇が昭和六十四年一月七日、崩御《ほうぎょ》された後、「日本国憲法」と「皇室典範」により、即座に皇太子明仁《あきひと》親王が新天皇となられたことを知っています。しかし、それは法律上のことで、同日、皇室の伝統にそって別の儀式が、宮殿で執り行われていたことを皆さんはご存じでしょうか。

早朝六時三十三分に崩御されたあと、その午前中に、宮殿正殿の松の間で、「剣璽等承継《けんじとうしょう》継《けい》の儀」が執り行われ、同じ時刻に「賢所《かしこどころ》の儀」そして「皇霊殿《こうれいでん》神殿に奉告の儀」が宮内庁の掌典長《しょうてん》が主宰してなされたのです。それはどんな儀式だったのでしょうか。

つまり、こうして皇室に伝わる神璽《しんじ》と宝剣が新天皇に引き継がれ、皇居内の賢所、皇霊殿、神殿の宮中三殿で、新天皇の即位が告げられたのです。こちらの儀式の方がよっぽど重要だったのです。つまり「三種の神器」が受け渡されたからなのです。

松の間で、玉座を背にした天皇の前に、神璽および宝剣の箱を恭《うやうや》しく捧げもった二人の侍従の姿がありました。その写真が、新聞にも載ったので、ご記憶の方もあると思います。そこには総理大臣をはじめとする三権の長、全閣僚らが控え、現天皇および六人の男子皇族がその前にお立ちになりました。新天皇の左側に新皇太子の徳仁《なるひと》親王、常陸宮正仁親王、三笠宮寛仁《ともひと》親王、右側に礼宮《あやのみや》（後の秋篠宮）文仁《ふみひと》親王、三笠宮崇仁《たかひと》親王、高円宮憲《のり》仁《ひと》親王が並ばれました。

やがて宝剣と神璽の箱をそれぞれ頭の前に捧げ持った侍従が二人、御璽《ぎょじ》（天皇の印）と国璽（国の印）を胸の前に捧げ持った侍従が一人入室し、天皇の前に設けられた三つの台の、向かって左に神璽、右に宝剣、中央の台に御璽と国璽を置きます。敬礼がなされ、これらの品々はふたたび侍従によって運び出されます。そして天皇をはじめ皇族方は退室されました。その間、たった四分かかっただけのものでした。

しかしこの四分の儀式で、本当に当時の皇太子が天皇になられたのです。

ここで注目されることは、御璽とか国璽がこの天皇継承の儀式に重要なことがわかりますが、それよりも、神璽と宝剣の方が高い台に置かれていたということです。この儀式が終わり、天皇が退出されるときも、まずその宝剣が最初で、その後に天皇が歩かれ、そして神璽が運ばれたのです。つまり新天皇は、この宝剣と神璽に守られる形で松の間から退出されたのです。その後皇太子以下、皇位継承の順に従って皇族方が退出し、最後に御璽と国璽が侍従により運ばれました。

こうした儀式こそ、天皇の継承を保障するものであったのです。神璽とは、勾玉《まがたま》のことで、宝剣はむろん草薙剣《くさなぎのつるぎ》のことです。三種の神器といいますから、ここに御鏡、つまり八《や》咫鏡《たのかがみ》もなければなりませんが、これが一番重要で、宮中三殿の中でも、中央の賢所にありました。この鏡は、天照大神の御霊代《みたましろ》とされ、『古事記』にあるように、ニニギノミコトに天照大神から「わが御魂として」祀るように授けられたとされるものです。これは現在、伊勢神宮に本体があり、宮中のものはその分身とされています。

これがこの儀式に出されなかったのは、これが天照大神そのものと考えられてきたために、御殿の奥に安置され、動かされることがないからとされていたからです。動かされるのは、いつも天皇のもとにある神器の、宝剣と勾玉でした。それがこの儀式に出されたことになります。また宮中の草薙剣も、熱田神宮のものの分身とされています。しかしそれよりも重要なことは、この三種の神器が、ひとつの象徴として、天皇家の霊の継続を表しており、これが皇祖霊信仰を形で表しているということです。

一体いつごろからこの三種の神器が皇祖霊信仰の象徴として、皇位継承のときにこのように使われるようになったのでしょう。

鏡は心を映すように、そこに天照大神の霊がこもっている。勾玉はそれが魂の形をしています。それを守るのが宝剣です。

その起源は『古事記』や『日本書紀』に書かれた時代に遡ります。

「是《も》を以ちて八百万の神、天《あめ》の安《やす》の河原に神集《かむ》ひて、高御産巣日神《たかみむすひのかみ》の子、思金神《おもひかねのかみ》に思はしめて、常世《とこよ》の長鳴鳥《ながなきどり》を集め、鳴かしめて、天の安の河の河上の天の堅石《かたしほ》を取り、天の金山の鉄《くろがね》を取りて、鍛人《かぬち》の天津麻羅《あまつまら》を求めて、伊斯許理度売命《いしこりどめのみこと》に科《おほ》せ、鏡を作らしめ、玉祖《たまのおやの》命《みこと》に科せ、八尺《やさか》の勾玉《まがたま》の五百津《いほつ》の御須麻流《みすまる》の珠を作らしめて、天児屋命《あめのこやねのみこと》、布刀玉命《ふとたまのみこと》を召して、天の香山《かぐやま》の真男鹿《まをしか》の肩《かた》を内抜きに抜きて、天の香山の天の波波迦《ははか》を取りて、占合《うらな》ひ麻《ま》迦那《かな》波《は》しめて、天の香山の五百津真賢木《まさかき》を、根許士爾許士《ねこじにこじ》て、上《かみ》つ枝《え》に八尺の勾玉の五百津の御須麻流の玉を取り著《つ》け、中《なか》つ枝《え》に八尺鏡《やさかのかがみ》を取り繋《か》け……」

このように、天石屋《あめのいわや》にこもった天照大神を復帰させるための神事において、伊斯許理度《いしこりど》売命《めのみこと》に「八尺鏡」を、玉祖命《たまのおやのみこと》に科せて、八尺《やさか》の勾玉《まがたま》の五百津《いほつ》の御須麻流《みすまる》の珠」をつくらせ、それらを榊《さかき》に取りかけた、と書いてあります。これとやや違うところもありますが、同じ内容のことが『日本書紀』にも書かれています。

このように鏡や勾玉をつくる由来が記されています。興味深いのは、鏡《かがみ》が神《かみ》の語源のように書かれていることです。鏡に映った姿が、独立して霊のように見え、それが神のように見えたのかもしれません。それらがニニギノミコトが降臨するときに、「此れの鏡は、専《もっぱ》ら我が御魂《みたま》として」与え、勾玉と剣が、五伴緒《いつとものを》、すなわち天児屋命をはじめとする御伴とともに降りられる際に、与えられたのです。

この神話上の「三種の神器」が、その後、実際の鏡、勾玉、剣自身は代えられ分身が出来たとしても、百二十六代、今上天皇の即位の礼まで続けられたことは、全くの驚異という他ありません。皇祖霊信仰はまさにこの「三種の神器」を代々天皇即位の際に、この象徴を受け渡すことによって、保たれたのです。それぞれの役割はともかくとして、この神器も、鏡や剣は黄銅と鉄製、勾玉は碧玉とか瑪瑙《めのう》でつくられ、いずれも鉱物という一方の自然の産物の、それぞれ異なる三種の「形」によって受け継がれたことになります。鉱物とか岩石というものは、日本では永遠に変わらない不死のものと考えられていたのです。

これに対し、一神教の元であるユダヤ教では、『旧約聖書』のモーゼがいうように、神から授かったのは石板に書かれた「律法（トーラー）」という「言葉」でした。「私たちは主が語られたことをすべて行い、守ります」とモーゼがいったとき（それはモーゼの五書といわれますが）、守るのが「契約」の「言葉」であって具体的な「統率者の家系」ではなかったために、「主」を受け継ぐ人物は、権力争いが続く結果、安定しなかったのです。

統率者が「形」の象徴を受け継ぐ、などという発想は初めからなかったことでしょう。「偶像崇拝禁止」の宗教だったからです。共同体にとって必要な、統率者、権力者の存在が、人工の「言葉」によって保障されるか、自然の「形」によるのか、その違いによって、いかに異なる歴史になるか、それはユダヤ民族と日本民族の歴史の違いでもわかります。

おわりに

本文で述べたように、『古事記』の初めに書かれた文章ほど興味深いものはありません。
「天地《あめつち》が初めて現れ動き始めた時に高天原《たかまのはら》に成った神の名は、天之御中主神《あめのみなかぬしのかみ》、次に高御産巣日神《たかみむすひのかみ》、次に神産巣日神《かむむすひのかみ》、この三柱の神は、みな独り神として、姿は見えません。次に地上世界が若く、水に浮かんでいる油のようで、くらげのようにふわふわと漂っていた時、葦が芽を吹くように、きざし伸びるものによって成った神の名は、宇摩志阿斯訶備比古遅神《うましあしかびひこじのかみ》、次に、天之常立神《あめのとこたちのかみ》。この二柱の神もまた独り神で姿は見えません。以上の五柱の神は別天津神《ことあまつかみ》といいます」

この文章の解釈が日本の宗教をさぐる出発点です。それぞれの国の神話こそ、その国の人々の信仰の基本となるからです。本文でも繰り返し述べましたが、最初の「天地」が重要なのです。最初に自然があるのです。そして「高天原」が生まれ、そこに神々がおられるのですが、いずれも姿が見えない。そして「ムス＝生す」、自ずから生成するのです。つまりこれらがみな自然そのものの神なのです。ここまでは単性生殖といってよく、徐々に両性生殖に移っていく過程が『古事記』に書かれているのです。これほど、現代の自然科学の、生物の発生と似ている生成の物語はないのです。

自然そのものが神である、という「お天道さま」の信仰は、日本だけということになるのです。かつてエジプトで太陽神ラーが信じられていました。しかしその前に、あらゆる存在の起源として混沌の海ヌンが、創造神アトウムを生み出したとされ、その「混沌」を、そのまま神と見ていたわけではありません。アトウムとラーという人格神が信仰の対象になったのです。また現代のエジプト人は、ご存じのようにイスラム教徒ですから一神のアラーがつくったものなのです。イスラム教、キリスト教を含むユダヤ教系統の宗教は、すべて神が自然をつくったとし、しかも自然を人間の下においています。

ギリシャ神話は、神々が生まれる前に「カオス」があったとしますが、これには神の名を付しません。ギリシャ人たちはそれを決して肯定的に見ておらず、不気味な世界としてのみ考えます。これは、次に生まれる大地の神ガイアやタルタロス（冥界の最深部）やエロス（愛）とつながりがありません。ガイアという神がウラノス（天空）やポントス（海）を生んでいくのです。他の文明の神話でも、「宇宙卵」を想定したり（フィンランド神話）、巨人や巨人の死体を相定したり（ゲルマン神話や中国、盤古神話）、いずれも創造神に似た何ものかを想像しており、ユダヤ教系統の一神教と似て、神が自然を支配しています。

私がどうして「自然神」を大事だと考えるかというと、それは現代が「エコ」の時代だからというだけではありません。日本では神話の時代から、自然神を社会の体制づくりの根本として考えたことを重視するからです。一見、自然と人間の社会体制とは関係がない、と考えるかもしれません。しかし、自然の発生から、その中で、神々があくまで自然と一体となって生じ、そして天照大神が生まれ、天から日本の国をつくるようにと、ニニギノミコトが下ってきて、地上の神武天皇に至るのです。

人間社会には当然、統治者がいます。しかし地上の人間どうしでは争いが起きます。それでは人間社会は安定しません。そのため、国民すべてを家族の一員と考える長を、天が定めるのです。天からの血筋でその子孫に「権威」を与え、やはり天からのその同伴者の家系に「権力者」として協力させて統治をさせるのです。家系ですから統治の専門家です。こうして形成されたのが日本の政治史です。この範例こそ、一国の政治の理想形でしょう。

それは西洋では、かつての「教皇」と「皇帝」の関係、現在では「教皇」と各国の王、首相の関係に似ています。この形は日本のそれをならっています。しかし血筋ではなく、教会という「権威」をつくり、それが常に「権力者」を認知して、人々を統治する形です。今は「民主主義」の名のもとに、それを否定しているかに見えますが、それは相変わらず、「権力」者だけを選び、そこに「権威」を与えることができず、やはり「教会」が精神的権威を維持しているのです。

「民主主義」の最たるものが「社会主義」のはずでしたが、すべてその試みは失敗しました。今やロシアでは、ロシア正教会が国民の精神的権威となっています。それのない中国共産党はその「権威」を、毛沢東信仰でつくり出そうとしましたが、失墜し、現在は圧政を強いているだけです。

日本では天皇の「権威」を戦後、外国と手を組んで、否定しようとする勢力が強かったのですが、賢明な国民は、それでも相変わらず保持してきました。「自然」から出発して、日本社会の姿までつくり出し、今日までそれを継続させているのです。一方で、科学を発達させ、日本は「近代化」ではなく、「科学化」させてきたのです。「自然」を尊ぶ精神が、天皇を存続させ、科学を奨励する、それがまさに「神道―自然道」なのです。アインシュタインが自然に「宗教性」があるといい、日本の科学者が宇宙に「サムシング・グレート」がある、という、その自然観の大きさが、まさに日本をつくり、それが世界の理想だと考えてもよいでしょう。

私の青春は、まず学生時代、マルクス主義唯物論の検討を強いられたことにあります。この本で述べてきたことの全否定ともいえる思想でした。職業として学問を選んだ後は、前半は西洋一神教の文化研究を、後半になって日本の歴史、文化研究を行ってきました。すでに育鵬社から日本の歴史、日本の文化、世界史の中の日本、という主題で本を出してきましたが、この本はその成果の上に立った、もう一つの結晶と自負しています。

編集長として歴史教科書編纂の仕事の合間をぬって、この本をつくることを助けて頂いたのは、育鵬社の大越昌宏氏です。厚くお礼を申し上げます。

平成二十六年十月十五日

田中英道

主な参考文献（順不同）

『古事記』『日本書紀』『先代旧事本記』などの諸本
『本居宣長全集』岩波書店・一九四四年
岡田荘司『日本神道史』吉川弘文館・二〇一〇年
茂木貞純『神道と祭りの伝統』神社新報社・二〇〇一年
大野　晋『日本人の神』新潮文庫・二〇〇一年
保坂幸博『日本の自然崇拝、西洋のアニミズム』新評論・二〇〇三年
柳父　章『翻訳の思想　「自然」と「NATURE」』平凡社・一九七七年
寺尾五郎『「自然」概念の形成史』農文協・二〇〇二年
今西錦司『自然学の展開』講談社学術文庫・一九九〇年
八幡和郎・西村正裕『「日本の祭り」はここを見る』祥伝社新書・二〇〇六年
高世　仁・吉田和史・熊谷　航『神社は警告する　古代から伝わる津波のメッセージ』講談社・二〇一二年
『旧約聖書』『コーラン』、各民族の『創世神話』の諸本
『フロイト著作集』第三巻・人文書院・一九六九年
デュルケム『宗教生活の原初形態』上下・岩波文庫・一九四一年
教皇フランシスコ／ラビ・アブラハム・スコルカ『天と地の上で　教皇とラビの対話』ミルトス・二〇一四年
ダニエル・C・デネット『解明される宗教』青土社・二〇一〇年

池内　了『宇宙論と神』集英社新書・二〇一四年
山我哲雄『一神教の起源』筑摩選書・二〇一三年
キャロリン・マーチャント『自然の死』工作舎・一九八五年
カプラ『タオ自然学』工作舎・一九八〇年
リチャード・ドーキンス（垂水雄二訳）『神は妄想である　宗教との決別』早川書房・二〇〇七年
稲田智宏『三種の神器』学研新書・二〇〇七年
田中英道『日本の歴史　本当は何がすごいのか』育鵬社・二〇一二年
田中英道『日本の文化　本当は何がすごいのか』育鵬社・二〇一三年
田中英道『世界史の中の日本　本当は何がすごいのか』育鵬社・二〇一三年
田中英道『世界文化遺産から読み解く世界史』育鵬社・二〇一三年

本書は二〇一四年十一月発行の『日本の宗教　本当は何がすごいのか』を改題したものです。

【著者略歴】
田中英道（たなか・ひでみち）
昭和17（1942）年東京生まれ。東京大学文学部仏文科、美術史学科卒。ストラスブール大学に留学しドクトラ（博士号）取得。文学博士。東北大学名誉教授。フランス、イタリア美術史研究の第一人者で日本国史学会の代表も務める。著書に『日本美術全史』（講談社）、『日本の歴史 本当は何がすごいのか』『日本の文化 本当は何がすごいのか』『世界史の中の日本 本当は何がすごいのか』『世界文化遺産から読み解く世界史』『日本の宗教 本当は何がすごいのか』『日本史５つの法則』『日本の戦争何が真実なのか』『聖徳太子 本当は何がすごいのか』『日本の美仏50選』『葛飾北斎 本当は何がすごいのか』『日本国史』『日本が世界で輝く時代』『ユダヤ人埴輪があった！』『左翼グローバリズムとの対決』『日本国史の源流』『京都はユダヤ人秦氏がつくった』『新 日本古代史』『日米戦争最大の密約』『日本国史』（上・下）『日本と中国　外交史の真実』『聖徳太子は暗殺された』（以上いずれも育鵬社）、『決定版 神武天皇の真実』（扶桑社）などがある。

［新装版］日本の宗教　自然道がつくる神道・仏教

発行日　2023年４月10日　初版第１刷発行

著　者　田中英道
発行者　小池英彦
発行所　株式会社　育鵬社
〒105-0023　東京都港区芝浦1-1-1　浜松町ビルディング
電話03-6368-8899（編集）　http://www.ikuhosha.co.jp/
株式会社　扶桑社
〒105-8070　東京都港区芝浦1-1-1　浜松町ビルディング
電話03-6368-8891（郵便室）
発　売　株式会社　扶桑社
〒105-8070　東京都港区芝浦1-1-1　浜松町ビルディング
（電話番号は同上）
本文組版　株式会社　明昌堂
印刷・製本　サンケイ総合印刷株式会社

ISBN 978-4-594-09441-6

本書のご感想を育鵬社宛てにお手紙、Eメールでお寄せください。
Eメールアドレス　info@ikuhosha.co.jp